LE TALISMAN
CATHARE

DU MÊME AUTEUR

Romans
Les Démons de sœur Philomène, éditions Jean-Claude Lattès.
L'Honneur des Hautefort, éditions Jean-Claude Lattès.
Le Chemin de Jérusalem, éditions du Pierregord.

Nouvelles
Histoires peu ordinaires à Sarlat, éditions Elytis.

Essais
La France des Templiers, éditions Sud-Ouest.
Le Pays cathare, éditions Ouest-France.
Chemins de la préhistoire en Périgord, éditions Ouest-France.
Aimer le Périgord, éditions Ouest-France.
Sarlat, histoire et légendes, éditions Alan Sutton.

www.editions-jclattes.fr

Jean-Luc Aubarbier

LE TALISMAN CATHARE

Roman

JC Lattès
17, rue Jacob 75006 Paris

ISBN : 978-2-7096-3095-5

« Libérons le bonheur ! »

Cri de guerre des Toulousains lors du siège de 1218 (extrait de « La chanson de la croisade albigeoise »).

PREMIÈRE PARTIE

1

Périgord, printemps 1214.

Le moine cheminait sous le chaud soleil printanier ; les ardeurs de Phébus donnaient des rougeurs à sa tonsure. Comme à son habitude, il soliloquait en marchant. « Ah ! Si j'avais une mule, je serais depuis longtemps à l'abri, dans le frais monastère de Sarlat. »

Sa longue errance depuis Assise, en Italie, l'avait accoutumé à parler seul, à s'offrir la compagnie des mots à défaut de celle des humains. Il philosophait comme pour se convaincre, prêchait comme pour se convertir à une foi nouvelle. Il parlait aux oiseaux des bois et aux bêtes des champs, comme son maître, il Poverello, le bon François, son ami. C'est lui qui l'avait persuadé de gagner le comté de Toulouse où, semblait-il, se menait le combat théologique pour la pauvreté.

« Des gens aux étranges croyances, mais se disant chrétiens, vivent dans le dénuement et dans le respect absolu de leurs engagements, lui avait-il expliqué. Nos savants les nomment “cathares”, les “purs”, à cause de leur intransigeance, et ils ressemblent fort à nos patarins italiens. D’autres, sous l’influence du moine lyonnais Pierre Valdès, expérimentent la simplicité des premiers temps de l’Évangile. Notre sainte mère l’Église englobe d’une même haine vaudois et cathares, alors qu’elle encourage ces orgueilleux dominicains qui font de la pauvreté leur fonds de commerce. Je veux que tu rencontres ces gens ; nous avons sûrement à apprendre d’eux. »

Augustin avait gagné le royaume de France, traversant un comté à feu et à sang, du Rhône jusqu’à la Garonne, depuis que le pape Innocent III avait lancé, cinq ans plus tôt, la première croisade jamais levée contre un pays chrétien. Exposées en proie, les riches terres de Raymond VI avaient suscité l’avidité des barons du nord de la France qui s’étaient jetés sur elles avec la férocité de bêtes fauves.

« Des bêtes bien plus dangereuses que le loup apprivoisé par mon maître à Gubbio », songeait Augustin.

Français, Bourguignons, Champenois, Lorrains, Normands, Picards et Bretons, auxquels s’ajoutèrent Flamands et Teutons, déboulèrent sur le vaste comté, le plus florissant et le plus cultivé du royaume, pour le piller sans vergogne. Les grands seigneurs, un peu honteux de se trouver partie prenante dans cette croisade mal engagée et qui portait atteinte à leur honneur, n’offrirent au souverain pontife que les quarante jours dus à l’host. Le premier acte de ce combat douteux n’avait-il pas vu le massacre des vingt mille habitants de Béziers, tous passés au fil de l'épée alors que la ville comptait essentiellement de bons catholiques. Mais ces catholiques-là se sentaient bien plus proches des hérétiques qu'ils côtoyaient, leurs amis, leurs parents parfois, que de ces étrangers venus du Nord qui parlaient des langues barbares.

Puis il y avait eu l'assassinat de Raymond Roger Trencavel, jeune seigneur de Carcassonne, malgré la parole donnée d'épargner sa vie. C'en était trop pour les grands féodaux français à l'honneur pointilleux, qui avaient tourné bride et regagné leur duché, leur comté ou leur baronnie sans attendre l'issue du conflit.

Restaient les petits seigneurs avides de gains, et les puînés sans espoir d'héritage pour qui les prises de guerre demeuraient la seule voie pour sortir du rang, pour se hisser au niveau des plus grands, des plus nobles. Les évêques et les riches abbés du pays d'Oc, ceux-là mêmes qui avaient fait le siège du palais du pape Innocent III à Rome pour obtenir qu'une croisade soit lancée, tant ils craignaient de voir disparaître leurs subsides avec leurs ouailles, surent trouver des appuis parmi ces cadets. Ils confièrent au plus compétent, au plus féroce et au plus déterminé d'entre eux, Simon de Montfort, un seigneur de la vallée de Chevreuse, le soin d'achever cette guerre sainte en détrônant le comte de Toulouse en personne, Raymond VI.

Depuis, ce n'était qu'incessants combats plus sanguinaires les uns que les autres, qu'insatiables bûchers dont l'ampleur effrayait les soldats les plus farouches. Le pays se ruinait. Les riches, les mains vides tendues vers le ciel, pleuraient leurs biens évanouis. Des chevaliers poussiéreux, dépossédés de leurs fiefs, prenaient la route de l'exil, le cœur sombre et le corps en guenilles. Augustin, pacifique dans l'âme, soupirait après un coin paisible où il pourrait rencontrer des croyants de toute religion qui ne seraient pas terrorisés par la menace des soudards. On lui parla du Périgord, une belle région qui ressemblait à la Toscane. Ses sandales fatiguées l'y conduisirent par petites étapes.

Le moine Augustin se remémorait le tragique destin des Toulousains, perdus par leurs folles croyances, quand il s'en vint buter sur les hautes murailles de Sarlat. Les remparts enserraient une puissante abbaye et un bourg prospère qui tirait sa richesse des reliques de saint Sacerdos. Hélie Vignon, le père abbé, vint l'accueillir en personne dès qu'il eut demandé l'hospitalité.

« La réputation du saint homme d'Assise a franchi les frontières. Je suis très heureux de recevoir son émissaire sous mon toit.

— Je ne suis qu'un pauvre moine, le plus humble de tous, qui cherche à comprendre les folies du monde et je viens dans votre pacifique région....

— Pacifique ! Le mot est mal choisi. Vous ne connaissez visiblement pas notre malheur.

— Eh quoi ! La guerre vous aurait-elle frappée à votre tour, comme les provinces du Sud ?

— Il demande si nous sommes frappés, reprit Hélie, prenant à témoin les religieux qui déambulaient dans l'église aux hautes voûtes. Mais savez-vous, mon cher Augustin, que j'ai envoyé un messager auprès du sire de Montfort, pour qu'il vienne avec ses croisés purifier la région des diables qui la hantent. Pas un village ici qui n'empeste la mauvaise parole.

— La croisade ! Ne craignez-vous pas qu'elle ne cause plus de mal qu'elle ne répare de dommages ?

— Visiblement, vous ne comprenez pas la situation. Allons, venez, suivez-moi. »

Il prit d'autorité le bras du frère visiteur et l'entraîna vers un bâtiment trapu, un peu à l'écart, qui doublait la salle capitulaire. Une odeur épouvantable précédait la porte basse, une véritable bouche de l'enfer. Quand ses yeux se furent habitués à la semi-obscurité, Augustin distingua une foule d'êtres – pouvait-on encore dire des humains – dont les membres mutilés, atteints pas la gangrène, pourrissaient inexorablement. Ils étaient presque cent cinquante, les hommes et les femmes à peine séparés par un maigre voile de tissu, les morts et les mourants couchés tous ensemble, entassés sur la paille souillée par les sanies, l'urine et les excréments qui formaient comme un purin sur le sol. C'était une foule d'êtres aux yeux crevés, sans pied ou sans main.

Augustin recula instinctivement devant l'horrible spectacle. Puis il se reprit et avança parmi les malheureux, la pitié dans le regard et dans le cœur, s'efforçant d'apporter l'apaisement par un mot ou un geste. Une femme agonisante se dressa devant lui ; sa poitrine n'était plus que plaie sanglante. On lui avait coupé les seins. Elle criait sa douleur et son désarroi.

« Pourquoi ? Pourquoi ? »

Il ne put rien répondre, repensant à sa mère, si pieuse, et que le doute n'avait pourtant pas épargnée au moment de paraître devant son Créateur. Comme il était difficile de rompre le lien avec la chair, si forte et si faible à la fois. Où était l'esprit quand il se perdait dans la matière ? Étions-nous un ou double ?

Augustin quitta la pièce sombre et rejoignit Hélie dans le cloître paisible qui semblait à mille lieues de ce cauchemar. Le soleil chauffait les pierres blondes que rafraîchissait une fontaine. Avec le déclin de l'hiver, la verdure tendre revenait aux branches. Ordre, calme et beauté présidaient aux affaires du ciel.

« Mais qui, qui enfin, a pu commettre de telles horreurs ?

— C'est ce maudit Bernard de Cazenac ; le diable chevauche à ses côtés. Voilà cinq ans que cet hérétique ravage les campagnes du Périgord, tuant et mutilant les bons catholiques, coupant les pieds et les mains aux hommes et parfois leur crevant les yeux. Ces pauvres gens n'ont alors d'autres ressources que de venir mourir au monastère de Saint-Sacerdos où ils nous coûtent fort cher en soins, onguents et potions. Par l'horreur qu'ils inspirent, ils effraient les habitants de notre ville qui s'en retournent à l'hérésie.

— Il est donc cathare ?

— Sans nul doute, si tant est que l'on puisse qualifier de “pur” un être aussi noir.

— Les seigneurs de la vallée de la Dordogne ne le combattent-ils pas ?

— Que nenni ! Ils le craignent, quand ils ne sont pas ses complices. Il est si puissant ! Son beau-père, le vicomte de Turenne, Dieu ait son âme, lui a confié, avant de trépasser, la garde de trois châteaux forts sur le fleuve. Avec Castelnaud, Domme et Montfort, il tient toute la région sous sa coupe et cause mille douleurs à nos gens, ravageant nos récoltes, pillant nos églises. Lui, ce misérable, ce va-nu-pieds dont le castel d'Aillac n'était rien de plus qu'un repaire de brigands.

— Mais comment est-il parvenu à une telle omnipotence que ni vous, ni messire le comte, ni l'évêque ne puissiez le déloger ?

— C'est qu'il a reçu du diable une aide semblable à lui. Son épouse, Alix, n'est autre que la fille du vicomte de Turenne. Par sa beauté satanique, elle envoûte les nobles périgourdins et nul n'ose dès lors s'opposer à ce couple démoniaque. Nouvelle Jézabel, bien plus mauvaise et cruelle que celle des Écritures, elle est la plus féroce de toutes les femmes et l'égale de son époux en cruauté. Aux femmes catholiques qu'elle capture, elle fait couper les mamelles et les pouces pour les rendre impropres à l'allaitement et au travail. Elle est plus acharnée que son mari en matière religieuse : elle n'a de cesse de convertir toute la noblesse à l'hérésie, par ses charmes autant que ses menaces. »

Prenant son front entre ses mains, Augustin demeurait circonspect. « Ainsi, cela est vrai : les femmes cathares prêchent comme les hommes. Cela est contraire à nos règles les plus anciennes.

— Elle s'en moque bien, la mégère ! Elle est la prédicatrice prostituée que nous annonce l'Apocalypse. Mais les cavaliers de la croisade sauront rétablir l'ordre parmi la gent hérétique. »

Le Talisman cathare

Augustin sentit tout à coup le poids du voyage tomber sur ses épaules. La fatigue venait autant de sa marche forcée que de la lassitude des tourments de la guerre. Trouverait-il seulement trois compagnons pour établir un dialogue pacifique autour de la richesse de l'Église et de la pauvreté du Christ ?

2

La grande salle seigneuriale de Castelnaud était d'une beauté austère. Peaux de bêtes et trophées de chasse y alternaient avec de lourdes tentures où dominaient le rouge et l'or. Les couleurs des comtes de Toulouse, avec sa croix boulée, s'alliaient aux armes des Cazenac : d'or à deux chiens de gueule.

« Non pas des chiens, mais des loups », préférait dire le maître des lieux. Ce grand veneur aimait à éprouver son courage en servant au poignard, à la seule force de ses bras vigoureux, les loups, les ours, les sangliers et les cerfs qui s'aventuraient sur ses terres. Aussitôt le gibier cerné, il mettait pied à terre, tirait sa lame de dessous l'escoffe de fourrure brune qui le recouvrait tout entier, se ruait sur sa proie et empoignait, embrassait le fauve avant de l'égorger. Parfois, au grand dam de ses gens, il lui arrivait d'épargner l'Ysengrin combatif et féroce qui avait su lui résister avec bravoure. Il y voyait la réincarnation d'un noble guerrier, condamné à revenir sur terre sous la forme d'un loup, pour y avoir, tel le roi David, répandu trop de sang. « Prends ta chance et rachète-toi, frère loup », disait-il.

Bernard de Cazenac aimait à rappeler ses origines d'humble chevalier. « Ni or, ni argent, seulement l'honneur », telle était sa devise. Malgré sa grande carrure et sa force colossale, cet homme brun, de belle figure et bien instruit, aimait les arts et les lettres, et n'hésitait pas à taquiner la rime. « Roi point ne suis, ni duc, ni comte aussi, mais le seigneur du haut château, en son royaume de Castelnaud. »

Assis sur d'étroites chaises en bois tourné, au dossier bas, Bernard de Cazenac, son épouse Alix et leur fille Blanche écoutaient le chant mélodieux de Guilhem le troubadour. Les notes les plus hautes, presque grêles, racontaient l'histoire d'une bergère qui était en réalité une princesse. La voix du chanteur se faisait grinçante quand il parodiait la mauvaise sorcière qui tenait enfermée dans un cachot la belle enfant, pour l'empêcher de rejoindre sa riche destinée. Bernard souriait de plaisir à l'écoute de ces vers qu'il avait lui-même inspirés. Ce chant symbolique parlait de la liberté des âmes qui circulaient, au gré des réincarnations, de la pauvreté au luxe, du servage à la noblesse, ainsi que du rôle néfaste de l'Église catholique qui condamnait ces croyances et les voulait voir disparaître. Bernard assurait pleinement son rôle de seigneur cathare, convaincu de détenir la vérité.

Il était né trente ans plus tôt, dans le petit castel d'Aillac qui surplombait un bras de la poissonneuse Dordogne, au sein d'une famille qui portait le catharisme dans ses veines depuis trois siècles. Son ancêtre, Aldebert, héritier d'une tradition rencontrée en Orient, avait le premier propagé cette religion nouvelle jusqu'à Orléans, en l'an de grâce 1014. Il avait alors déclenché la fureur du moine Héribert qui, dans une lettre pleine de colère, adressée aux chrétiens du monde entier, le traitait de manichéen ; pourtant sa doctrine ne devait rien aux sectateurs de Zoroastre, adeptes du dualisme. Il avait suffi, au cours d'un pèlerinage à Jérusalem, qu'Aldebert retrouve des textes oubliés du temps des premiers chrétiens qui se regroupaient à Alexandrie autour de Basilide et Valentin pour provoquer l'étincelle. Ce lettré avait ensuite rencontré de petites communautés syriennes qui pratiquaient encore l'ancienne religion, et la vérité avait éclaté à ses yeux comme un soleil après l'orage. L'Église mentait, elle avait usurpé le trône de saint Pierre en accommodant ses dogmes, pour des raisons politiques, lors de l'accession au pouvoir de l'empereur Constantin. Le christianisme véritable était différent. L'enfer, c'était la terre, la matière, créée par un ange déchu, un mauvais démiurge. Le Dieu de bonté ne pouvait s'être compromis dans une aussi sotte aventure que la création. Mais il existait une parcelle de Lui dans chaque être vivant. Les âmes des hommes pouvaient être sauvées et réintégrer le ciel, le royaume du pur esprit. Aussi, le Père avait-il envoyé sur terre son Fils, Jésus, une simple apparence d'homme sans corps véritable, afin de montrer aux humains le chemin du retour. Un pur esprit ne pouvait connaître ni naissance, ni souffrance, ni mort. La croix n'était que le symbole de la barbarie des hommes possédés par le diable.

« Adorerais-tu la corde qui a pendu ton père ? » répétait Aldebert de Cazenac aux catholiques offusqués.

Il fallait aux âmes plusieurs réincarnations, et de nombreuses chutes, avant d'être suffisamment purifiées pour réintégrer le plérôme[1], le royaume divin. Il fallait aussi obéir à des règles strictes pour cela : ne pas tuer, ne pas pratiquer la violence, ne pas manger de viandes animales qui recelaient, elles aussi, des âmes en souffrance, ne pas mentir, ne pas voler, ne pas copuler afin de ne pas offrir au Malin de nouvelles victimes, ne pas prêter de serment afin de rester libre et engagé seulement au service de Dieu. Il fallait également travailler pour ne pas vivre de la charité et de l'impôt, étudier pour renforcer son esprit. En vertu de la loi de métempsychose, hommes et femmes avaient les mêmes droits, et tous accès à la prêtrise. Cette religion sévère et élitiste, où seuls de rares individus, les Parfaits, parvenaient à remplir toutes les conditions requises pour leur salut, séduisit un pays en proie à la décadence morale. Le catharisme se répandit avec rapidité grâce à l'exemplarité de son clergé, tout autant qu'à la rigueur de ses dogmes. Les flammes du bûcher dispersèrent la communauté d'Orléans, mais les descendants d'Aldebert de Cazenac surent faire fructifier leur héritage spirituel.

Encore enfant, Bernard avait connu son bisaïeul, Guiraud, qui avait tenu tête, au cours d'un débat homérique, à Bernard de Clairvaux venu raffermir pacifiquement la foi catholique dans le cœur des Sarladais gagnés

1. Dans le christianisme gnostique, royaume céleste du Dieu bon.

à l'hérésie. Les discours talentueux du champion de l'Église de Rome avaient ramené la cité abbatiale dans le giron du pape. Une tour pointue avait même été érigée en son honneur, au-dessus du cimetière de l'abbaye, pour commémorer l'événement. Pourtant à peine le saint homme avait-il tourné les talons, la campagne sarladaise retournait au catharisme, Guiraud de Cazenac n'ayant eu aucune peine à démontrer la rapacité des abbés et leur moralité douteuse. Bernard se souvenait encore du rire de son ancêtre qui se réjouissait du bon tour joué à la plus grande figure intellectuelle de son temps.

De son père, Bernard avait reçu plus qu'une doctrine, plus qu'un héritage : un secret. À l'âge de seize ans, il l'avait amené sur les hauteurs de Cazenac, au-dessus des eaux de la Dordogne, plus haut même que la fière baronnie de Beynac, là où, pourtant, nul château ne s'était jamais élevé.

« Nous sommes des Cazenac, ne l'oublie jamais, dit-il à son fils. Ici, ton ancêtre Aldebert a transmis à son héritier un grand mystère que, depuis, nous nous passons de génération en génération. Je te le livre à mon tour. »

Le vent soufflait fort, chassant les nuages aux formes fantasques, agitant les branches de ce temple de la nature. Le père sortit de dessous sa cotte un lourd médaillon d'argent en forme de boîte, recouvert d'inscriptions étranges.

« Je te remets ce talisman. Il contient le secret de notre religion. Il a été scellé par ceux qui ont fondé notre croyance, il y a des siècles, et nul ne doit jamais l'ouvrir. Tu dois porter cet objet en permanence sur toi, n'en parler à personne, et ne jamais chercher à savoir ce qu'il contient. Seulement le jour où la situation de notre foi serait désespérée, où nul espoir ne serait plus permis, si ce n'était la volonté de Dieu de se manifester à nouveau parmi les hommes, alors, tu pourrais briser les sceaux et révéler au monde le secret du talisman. Tu dois prêter serment sur le salut de ton âme. »

Le jeune homme comprit l'importance de l'enjeu, puisqu'il était d'ordinaire interdit de jurer. Gravement, il s'exécuta.

Bien qu'il n'ait jamais aspiré à la perfection cathare, se sentant trop attaché aux plaisirs terrestres, Bernard de Cazenac partageait pleinement les convictions familiales. Vassal du comte de Toulouse, il avait, par son intelligence affûtée et sa vigueur physique, compensé la petitesse de sa noblesse. La réincarnation pouvait faire oublier que l'on était fils de roi, ou fils de gueux, puisque l'on ne devait ses vertus présentes qu'à son existence précédente, et que la vie d'aujourd'hui déterminait les jours futurs. Ce petit hobereau sut s'affirmer comme le plus fiable soutien de Raymond VI en Périgord. Il réussit, surtout, à nouer de fructueuses alliances.

3

Turenne, 1201.

La beauté d'Alix de Turenne était légendaire. Elle n'avait pas quinze ans lorsque le XIIe siècle tira sa révérence, et déjà une cohorte de troubadours se pressait à la cour de son père, le vicomte Pierre, grand seigneur du Haut Quercy, ami de Raymond VI de Toulouse. Ils chantèrent cette mince jeune femme dont la haute taille faisait paraître naines ses rivales. Ils célébrèrent ses cheveux couleur de nuit, qu'elle gardait dénoués, tombant jusqu'au creux de ses reins cambrés, comme une vague sombre où se perdaient les parfums et les rêves. Ils louèrent ses yeux noirs et profonds qui recelaient les flammes de la passion.

Le jardin clos du château de Turenne donnait à cette forteresse des allures de paradis, offrant aux humains un écrin de douceur et de bien-être. Dès les beaux jours venus, Alix y passait le plus clair de son temps, rivalisant avec les chanteurs dans l'art de rimer, entourée d'une escorte de soupirants. Car ils étaient nombreux, les seigneurs, jouvenceaux ou barbons, du Périgord, du Quercy et des contrées plus lointaines, à vouloir épouser tant de beauté alliée à tant d'intelligence et de fortune. Elle régnait sur cette cohorte, la dominait, malgré son jeune âge, par ses traits d'esprit et le désir qu'elle inspirait. Puis, les laissant pantois, elle s'enfuyait vers les appartements, dans la chambre des dames où elle restait avec ses compagnes. Là, nul homme ne pouvait entrer sans autorisation.

Le statut de la jouvencelle restait fragile, entre l'autorité que lui conférait son rang et sa nature brillante, et la rude condition des femmes, que les hommes pliaient à leur volonté, par force ou par ruse, quand ce n'était pas leur propre famille, père ou frère, qui les poussait dans quelque lit en échange d'une alliance ou d'un privilège.

Les manières de Guillaume de Gourdon n'avaient rien de courtoises. Petit, trapu, ce seigneur habile, protégé du roi d'Angleterre, n'avait d'autre charme que sa brutalité Il aimait contraindre les femmes comme on force un gibier, et nombre de ses vassaux avaient dû, pour lui plaire, lui céder leur épouse. Il avait tenté, en vain, de convaincre Pierre de Turenne de lui donner sa fille. Celle-ci ne pouvait que repousser un ours aussi mal léché, et le vicomte n'était pas homme à contrarier la chair de sa chair.

Alix se piquait d'amour pour Raymond Jourdain, vicomte de Saint-Antonin. Ce noble chevalier avait rejoint la cour de Turenne, terrassé par un désespoir profond, après que son épouse fut entrée dans les ordres cathares. Elle s'était refusée à lui plusieurs mois avant de s'enfuir pour recevoir le sacrement du consolament[1]. Très éprouvé, il s'était retrouvé comme veuf ; Alix l'avait réconforté. Elle lui promit sa tendresse et en fit son chevalier servant. Elle lui remit, pour gage de leur amitié, l'anneau qu'elle portait. Il ne s'en séparait jamais.

Grognant, soufflant, Guillaume de Gourdon parvint à se hisser par la fenêtre et pénétra dans la chambre des dames. « Enfin, nous y voici. La donzelle ne m'échappera pas », grommela-t-il en se dissimulant derrière un épais rideau qui protégeait la pièce du froid courant d'air.

Alix quitta en riant ses camarades avec lesquelles elle venait de terminer un jeu de balle. Les joues encore rouges de l'effort, elle repoussa la lourde porte, et entreprit de se dévêtir sans le secours de sa chambrière. Quand Guillaume surgit de derrière sa cachette, elle ne put réprimer un cri de terreur, puis, se reprenant, l'apostropha d'un ton glacial. « Que faites-vous ici, messire de Gourdon ? Ne savez-vous pas que ce lieu est interdit aux hommes. » La lueur bestiale qui luisait dans les yeux de son agresseur lui disait assez ses intentions. Elle tenta de raisonner le bonhomme qu'elle dominait de plusieurs pouces, n'osant crier de peur de déchaîner sa violence.

« Cela fait des semaines que tu te moques de moi. Ta beauté m'enrage et tu me repousses. Il est temps de donner ce que tu dissimules à tous.

— Je ne vous ai rien promis, que je sache. Vous n'êtes pas mon chevalier et ne serez pas mon amant.

1. Le seul sacrement de la religion cathare, un baptême par l'esprit saint qui peut libérer l'homme du cycle des réincarnations.

— Ce que tu me refuses, je vais le prendre par force. »

Il s'approcha d'elle à la toucher.

« Vous sentez la crasse et l'écurie ! Qui voudrait d'un tel soupirant. »

Elle éclata d'un rire moqueur et méprisant. Elle voulait montrer à ce rustre qu'elle n'avait pas peur de lui, qu'elle ne rendrait pas les armes sans résistance. Il lui prit le bras avec brutalité, la poussa sur le lit et entreprit de déchirer sa robe.

« Violée ou pas, tu vaudras toujours ton pesant de terres et de titres. Personne ne songera à t'enfermer dans un couvent. Quand je t'aurai prise, ton père saura bien t'obliger à m'épouser. »

Alix se débattit furieusement, appela à l'aide, mordit profondément la main qui tentait de la bâillonner, appela encore.

« Inutile de crier, personne ne peut t'entendre », lui glissa Guillaume tandis qu'il sortait son sexe de ses braies.

La porte vola en éclats. Raymond Jourdain, le chevalier ténébreux, se précipita sur le seigneur félon et les deux hommes roulèrent sur le sol, se frappant à coups de poings comme des gueux. Plus robuste, Guillaume jouait des muscles et prenait l'avantage sur Raymond qui se battait avec l'énergie du désespoir. Tout en maintenant sa victime de la senestre, le sire de Gourdon glissa la dextre vers sa ceinture restée sur le sol, dans le but d'y saisir son poignard. Sa main ne rencontra qu'un fourreau vide. Alix se tenait debout devant lui, la lame à la main, les yeux en feu.

« Ce n'est pas une donzelle qui... »

Ses derniers mots se perdirent dans un gargouillis de sang. Elle venait de lui plonger la dague dans la gorge.

Alix et Raymond restèrent un long moment enlacés près du cadavre, échangeant des soupirs et des promesses.

« Vous m'avez sauvé la vie.

— Sans vous je serais mort à l'heure présente.

— Le destin nous a unis ; nous ne nous quitterons plus.

— Je me donnerai à vous au printemps prochain ; je serai votre épouse. »

Mais elle ne put tenir cette promesse, car amour entra dans son cœur.

4

Ce fut un beau tournoi qui réunit, sous les murailles de Turenne, la fine fleur de la chevalerie périgourdine et quercynoise. Pour le plaisir des femmes, une cour d'amour devait faire suite aux joutes martiales. Juchées sur les remparts, nobles dames et demoiselles suivaient en bonne place le tournoi à mêlée qui devait opposer Quercynois et Périgourdins. Aux pieds des murailles, le peuple se pressait pour voir défiler les jeunes hommes avides de gloire et de conquêtes. Enfermés dans leurs cuirasses, on ne pouvait les reconnaître qu'aux armes qui ornaient leurs écus et la housse de leurs destriers. Chevauchant fièrement, la haute lance de frêne dressée, ils brillaient de tout l'éclat de leur armure et des crinières peignées de leur monture.

« Quelle peste que ces jeunes coqs arrogants ! » En chevalier établi, Raymond Jourdain n'était pas obligé de participer à ce combat simulé ; il avait toujours été plus habile à manier les vers que l'épée. Alix plaidait leur cause.

« Il faut bien que ceux qui combattent puissent s'entraîner. Une telle bataille, pour parodique qu'elle soit, les prépare aux croisades.

— Ce sont surtout des aventuriers qui vivent de rapines et des prises sur leurs adversaires malheureux. Montures et équipement ont tôt fait de changer de mains. Combien de chevaux, de harnais et d'armures, combien de belles armes et de biens convoités seront perdus ou gagnés avant ce soir ?

— Ils les auront conquis vaillamment », soupira Alix avec un brin d'admiration dans la voix.

Le tournoi allait commencer quand les trompettes des hérauts résonnèrent.

« D'or à deux chiens de gueule », blasonnèrent-ils.

« Monsieur de Cazenac nous fait l'honneur de se joindre à nous. »

Le vicomte de Turenne salua le nouvel arrivant. Quoique son bagage fût modeste, son allure était superbe et il montait un solide cheval bai.

« La situation frontalière de vos terres vous permet de choisir. Dans quel camp combattrez-vous, Périgord ou Toulouse ?

— Nous n'avons que faire d'un si piètre renfort, railla Jehan de Turenne, l'héritier de la vicomté, en faisant virevolter sa monture. Qu'il reste chez les Périgourdins.

— Je mets mon épée au service de qui me chante. Puisque vous ne voulez pas de moi, vous le regretterez », déclara le jeune chevalier en rabattant la visière de son casque.

Alix dévorait des yeux le nouveau venu.

Les deux troupes s'éloignèrent, un instant masquées par la poussière que soulevaient les sabots de leurs chevaux. Puis elles se ruèrent l'une vers l'autre, dans un bruit de tambour, comme si une profonde haine les animait soudain. Le tiers des combattants se retrouva à terre après la première passe.

« Votre frère ne se débrouille pas mal. Vous aurez peut-être à lui remettre la couronne, insinua le vicomte Pierre avec une bienveillance toute paternelle.

— Qu'il ne plaise à Dieu, répliqua Alix. Un frère ne saurait être le chevalier de sa sœur. Je crois que les autres l'épargnent pour vous plaire.

— Mais vous avez déjà un chevalier de cœur et n'avez nul besoin d'en désigner un autre, glissa jalousement Raymond Jourdain.

— Voyez comme ce Périgourdin est habile ; il vient de se débarrasser de deux adversaires à la fois. Qui est-il ? Je ne distingue pas ses armes, dit la jeune femme qui les voyait fort bien.

— C'est ce diable de Cazenac ! Il est fort comme un Turc et habile tacticien. »

Le vicomte Pierre observait à regret ce fier soldat que son fils avait sottement blessé. « Mais voilà qu'il s'en prend à Jehan ! » Le Périgourdin poursuivait son rival qu'il désarçonna du plat de l'épée, avant de s'emparer des rênes de son cheval.

« Il n'a pas fait moins de quatre prises aujourd'hui !

— Eh bien, le voilà riche, déclara amèrement le vicomte de Saint-Antonin, se moquant d'une si piètre fortune. Mais il a donné la victoire au comte du Périgord, le rival détesté de notre maître toulousain.

— Il est vrai que Raymond VI a matière à se plaindre. Mon aînée, Mathilde, l'a délaissé au profit d'Hélie Talleyrand, seigneur de Périgueux. Mais ce sont là choses d'amour et non de chevalerie. Acceptes-tu, ma fille, de récompenser ce Périgourdin ?

— Il en sera fait selon vos désirs, messire mon père », dit Alix dont les yeux brillaient à l'idée de rencontrer le noble combattant.

Bernard de Cazenac s'avançait, tête nue, dans la gloire neuve de ses vingt ans. Ses cheveux bruns et bouclés auréolaient ce roi de la fête. Son regard, droit et déterminé, ne marquait aucune surprise, comme si sa victoire avait toujours été une certitude.

« Jamais chevalier ne fit montre d'autant de vaillance », lui dit-elle en lui remettant la couronne d'or du vainqueur. Elle était exquise dans sa robe blanche, serrée à la ceinture, qui faisait ressortir sa haute silhouette et la rondeur de ses jeunes seins.

« Madame, donnez-moi votre écharpe. Je veux faire de vous ma dame d'honneur, et la reine de ce jour. »

Sans hésiter, elle détacha l'étoffe verte de ses épaules et la lui tendit. Il la noua autour de sa lance et présenta ce nouveau blason à l'assistance.

« Quelle arrogance ! Quelle superbe ! grinça Raymond Jourdain à l'adresse du vicomte

— Certes, mais quel allié il ferait pour ma maison ! »

L'après-midi, la cour d'amour devait voir la revanche du vicomte de Saint-Antonin. Devant l'assemblée des nobles dames, succédant à une série de chanteurs et de jongleurs plus ou moins médiocres, Raymond Jourdain adressa à Alix un canso[1] des mieux troussé.

« Je vous ai longtemps aimée, et je n'ai pas encore le cœur de renoncer à mon amour. Si c'est donc pour cela que vous me voulez tuer, vous n'aurez point de bonne excuse. »

Les vers sonnaient harmonieusement dans cette langue d'oc faite pour la poésie et que les plus grands seigneurs, de Richard Cœur de Lion à Frédéric Barberousse, avaient utilisée pour leur correspondance amoureuse. Le vicomte s'accompagnait au luth dont il jouait habilement.

« Mais vous êtes au-dessus de toute pensée, et je vous dis aussi qu'on ne saurait imaginer un amour qui fût l'égal du mien. »

Les applaudissements retentirent, à peine la dernière note envolée. Satisfait, Raymond se rassit aux côtés d'une Alix rose de plaisir, quand un valet vint murmurer quelques mots à l'oreille de la jeune femme.

« On m'annonce un concurrent de dernière minute.

— Qu'il vienne, s'il l'ose », fanfaronna le vicomte.

À la stupéfaction générale, on vit entrer Bernard de Cazenac. Un bain parfumé l'avait débarrassé de la sueur et de la poussière du combat. Il avait revêtu une longue tunique dont les couleurs jaune et rouge honoraient autant ses maîtres périgourdins et toulousains que sa propre et

1. Chant d'amour, dans le langage des troubadours.

modeste maison. Il paraissait un géant, un Hercule devenu poète.

« Va-t-il nous jouer du luth à coups d'épée », railla Raymond Jourdain, un peu inquiet de cette intrusion.

Se tournant vers Alix, Bernard entonna d'une voix forte, profonde et sensuelle un sirventes[1] de sa composition, tout à l'honneur de sa beauté.

« Alix est une dame fraîche et fine, gracieuse et gaie, toute jeune : elle a des cheveux d'ébène, une bouche de rubis, un corps blanc comme fleur d'aubépine ; son cou est souple, et ferme sa poitrine, et ses seins ont le galbe d'un lapin… »

Raymond aurait voulu sauter à la gorge de l'insolent qui courtisait avec tant d'audace une femme non encore mariée, mais les règles de la cour d'amour exigeaient la courtoisie. Il serait temps d'apprendre les bonnes manières à ce rustre de Périgourdin après les festivités.

« Alix est hautaine avec les puissants, ce qui montre le discernement de cette jouvencelle. Elle ne désire ni Poitiers, ni Toulouse, mais elle cherche à tel point le mérite qu'elle accorde son amour au preux, même de basse extraction. Je la prie d'estimer hautement mon amour et de préférer un preux vavasseur à un comte ou un duc trompeurs qui la couvriraient de honte. »

Son chant fit un triomphe et toutes les dames de la cour de Turenne s'accordèrent pour lui offrir la pomme d'or de la récompense. Pour la première fois, un même concurrent l'emportait sur le champ des armes et de la poésie.

1. Poème moral ou satirique, qui s'inspire le plus souvent de l'actualité, dans le langage des troubadours.

Intérieurement, Alix éprouvait une jouissance extrême. Tout son corps semblait n'être plus que plaisir au service de son âme. Cette rivalité d'hommes autour d'elle la mettait en valeur. Le haut rang de sa naissance s'ennoblissait encore du prix qu'ils mettaient à la conquérir. Mais à l'intérieur de cette plénitude, son choix était fait. Elle se donnerait au jeune Périgourdin. Elle se leva et entonna un salut d'amour, car elle était 'trobairitz', femme troubadour, à l'image de la grande Aliénor d'Aquitaine.

« Bel ami, charmant et courtois, quand vous tiendrai-je en mon pouvoir ? Que je sois couchée un soir près de vous pour vous donner un baiser d'amour ! Quand deux amants purs et sincères se regardent, les yeux dans les yeux comme deux égaux, ils ressentent à ma connaissance, selon le véritable amour, une telle joie dans leur cœur, que la douceur y prend naissance, les ranime et nourrit tout le cœur. »

Elle chantait pour tous, d'une voix cristalline, mais son regard glissait vers Bernard.

« N'est-ce pas une chanson un peu osée pour une demoiselle ? » murmura Raymond, dépité et reconnaissant sa défaite.

— C'est Dieu lui-même qui m'a inspiré », répondit-elle.

5

Raymond Jourdain regagna sa province albigeoise, plus sombre que jamais, en méditant sur la fragilité et la versatilité d'un cœur de jeune fille. À peine avait-il fini de remâcher sa défaite que l'on proclama les noces d'Alix et de Bernard. À la frontière septentrionale du comté de Toulouse, en butte aux envies de conquête des Français et des Anglais qui se disputaient l'Aquitaine, Pierre de Turenne savait qu'il avait besoin d'un bras solide pour l'épauler. Doutant des capacités de son fils Jehan, il pensait pouvoir compter sur le gendre qu'il avait choisi et qui plaisait à Alix. L'affaire fit un beau scandale.

« Vous ne pouvez pas marier votre fille à cet hérétique ! »

Bousculant les valets et l'étiquette, le prieur de Turenne s'était précipité, furieux, chez le vicomte.

« Il est baptisé ; je m'en porte garant.

— Les cathares acceptent le baptême de l'eau, mais n'y prêtent pas plus de valeur qu'à un serment fait à un chien.

— Mais qu'est-ce donc, après tout, que votre mariage romain ! Ne me suis-je pas marié trois fois ? N'ai-je pas répudié librement ma seconde épouse pour prendre la délicieuse comtesse Béatrice ?

— Vous avez été excommunié pour cela.

— J'ai rejoint le sein de notre mère l'Église contre une somme rondelette. Ne suis-je pas bon catholique ? »

Le ton se faisait menaçant ; le prieur n'en menait pas large.

« Le mariage est un sacrement. Ne me demandez pas de commettre un péché mortel en célébrant cette union avec le diable. »

Le vicomte saisit le religieux par le haut de sa coule et le secoua comme pour en faire tomber les mauvaises pensées.

« Écoute-moi bien, curé. Tu vas sanctifier les épousailles de ma fille et du sieur de Cazenac ou tu pourrais bien rejoindre plus tôt que prévu ton paradis, si ton Seigneur te l'accorde. »

Vert de peur, le prieur se soumit au désir du grand féodal.

La fête fut tout à la fois sublime et indécente. On fit cuire les viandes aux flambeaux de cire et on distribuera des dons à cinq cents chevaliers et cent troubadours. La cérémonie réunit les nobles personnes, catholiques ou cathares, à cent lieues à la ronde. À la fin du banquet, Pierre de Turenne prit la parole.

« Prêtez-moi attention, messires chevaliers de Languedoc et d'Aquitaine ! Je veux que vous soyez tous témoins. J'offre à ma fille, pour ses noces, une rente de dix mille livres, afin que son mariage n'abaisse en rien son bien-être. Quant à mon gendre, Bernard de Cazenac, il recevra en dot les coseigneuries de Castelnaud, Domme et Montfort. »

Un murmure parcourut la foule. En une phrase, le vicomte avait fait d'un petit seigneur sans nom ni fortune le gardien des ports sur la Dordogne, un des plus puissants féodaux du Périgord.

« A-t-on jamais vu ça ? Un homme à peine né, dont on ne sait d'où il sort ! Jamais le moindre château ne s'est élevé à Cazenac, et sa résidence d'Aillac à tout d'une porcherie ! » Le prieur de Turenne ne pouvait s'empêcher de cracher son venin, mais discrètement, car il craignait des représailles. Seul Jehan de Turenne faisait ouvertement grise mine. Il n'avait pas digéré sa défaite en tournoi, et moins encore cette superbe et cette gloire qui lui faisaient de l'ombre.

Alix eut quelque mal à s'adapter à la vie rude du château de Castelnaud. Certes, la forteresse était sûre et les remparts, dignes de confiance. Perchée sur un éperon rocheux, au confluent de la Dordogne et du Céou, porte naturelle entre Périgord et Quercy, elle paraissait imprenable. Mais après les fastes du palais de Turenne, le confort y était relatif. Rien ne pouvait y satisfaire une jeune femme éprise d'idéal, de musique et de belles lettres. Ce qui lui pesait le plus, c'était l'absence d'intimité. Pas d'appartement de dames dans cet espace militaire. Tout le monde s'entassait dans de petites pièces aux murs épais, mal chauffées et mal éclairées. La chambre nuptiale se trouvait au sommet du donjon, séparée par une simple tenture du réduit où dormaient les demoiselles d'honneur, à trois dans le même lit. L'escalier à vis qui desservait les étages voyait un va-et-vient continuel de valets et d'hommes d'armes. La zone était étroite et tous ces mâles la frôlaient, la palpaient sans vergogne, sans respect pour son rang et son sexe. Bernard y mit bon ordre avec brutalité, chassant son intendant et passant son épée au travers du corps d'un sergent qui avait tenté de la prendre de force.

« Tu oses poser tes pattes sur une dame de qualité, maraud ! Tu vas le payer de ta vie. »

Bernard s'était vivement emparé d'une arme accrochée au mur.

« Elle aguiche les hommes. L'ordre des choses est chamboulé depuis qu'elle réside en ces lieux. À croire qu'une femelle règne sur les pierres de la forteresse ! Cela est contraire à la nature », répliqua le rustre qui ne mesurait pas le danger.

L'affront fait à sa maison, tout autant que le manque de respect envers son épouse, poussa le bras de Bernard qui transperça le cœur du sergent. Alix se tenait toute raide, comme fascinée. Ce n'était pas la peur qui se lisait dans son regard animé d'une étrange flamme. Le chevalier y vit comme une joie, une volupté. Elle avait pris plaisir au spectacle de la mort. N'avait-elle pas, âgée d'à peine quinze ans, exécuté Guillaume de Gourdon de sa propre main ? Elle avait pris le goût du sang, comme ces loups qui, ayant mangé de la chair humaine, y reviennent avec délice. De son côté, Alix constatait avec amertume qu'il y avait loin de l'amour courtois au comportement des hommes. Mais son mari l'aimait et la protégeait, y compris contre le plus puissant de ses suzerains.

« Comment ! Vous me refusez le lit de votre épouse ? » Superbe, dans son manteau d'hermine blanc et noir, Gaillard de Beynac ouvrait tout grand ses yeux bleus qui avaient fait se pâmer plus d'une demoiselle. Son visage, encadré d'une barbe et d'une abondante chevelure châtain, marquait l'étonnement.

« Il en est ainsi, monseigneur ! » Bernard roulait un regard furieux, prêt à saisir son épée.

« Mais vous êtes vassal des barons de Beynac. Vous devez respecter nos coutumes. Un chevalier sait l'honneur que lui fait un baron en aimant son épouse et tous s'y soumettent. Le sire de la Ferrière et le vidame de Marnac l'ont accepté de bonne grâce, et la belle Isabelle de Salignac est venue d'elle-même m'offrir sa blondeur.

— Mon épouse ne veut appartenir qu'à moi. Je ne la forcerai jamais à subir une étreinte qui lui répugne. Il faudra pour cela, monseigneur, me passer sur le corps. »

Il tira sa lame du fourreau ; une colère mal contenue bouillait en lui.

« Tout doux, mon beau, sire, tout doux ! J'aime votre sens de l'honneur. Nous sommes voisins et n'avons pas besoin d'une guerre privée. Gardez votre épouse. Je la respecterai et vous propose ma protection et mon amitié. »

Il tendit sa main droite dégantée. Les deux hommes s'estimèrent du regard, se jugèrent dignes l'un de l'autre. Un grand rire les réunit ; une solide alliance venait de naître.

Alix obtint de son époux d'établir à Castelnaud une cour d'amour. Une cohorte de serviteurs et de donzelles l'avait suivie depuis Turenne. Elle forma et protégea un jeune troubadour, Guilhem, qui se mourait d'amour pour elle et lui dédiait ses plus beaux poèmes, qu'il répandait de château en château, faisant connaître l'esprit et la délicatesse de sa dame. Alix aimait sa voix et son talent. Elle lui pardonnait sa vie de débauche, et les amours qu'il pratiquait contre nature et qui auraient pu lui valoir le bûcher.

C'est à Castelnaud qu'elle découvrit l'univers des cathares. Son époux, trop fin pour la contraindre, la laissa débattre à sa guise avec les Bonnes Femmes qui venaient chaque semaine prêcher dans la forteresse. Alix y aiguisa son esprit critique et sa connaissance biblique. Son chapelain faisait des efforts pour la garder dans le giron de l'Église et combattre cette peste de l'âme qui poussait Dieu hors les cœurs. L'intelligence subtile de la dame profita de ces affrontements.

La mort de son père la fit pencher résolument pour la nouvelle religion. Contestant l'héritage, son frère Jehan entreprit de récupérer les biens dont il s'estimait dépouillé et voulut faire chasser sa sœur et son époux des châteaux de la Dordogne. L'Église, qui haïssait Bernard, prit résolument le parti du nouveau vicomte de Turenne. Hélie Vignon, l'abbé de Sarlat, se déchaîna contre le seigneur cathare. Autour du comte de Toulouse, les grands féodaux défendirent les droits du sire de Cazenac. Appuyé par les évêques du Sud-Ouest et un réseau d'abbés puissants, Hélie Vignon obtint l'arbitrage du pape.

« L'Église est le seul garant du lien féodal, assura le prieur de Turenne à Jehan. Votre beau-frère doit rendre ses biens et ses titres. »

« Déclarez-vous cathare et ce lien sera rompu. »

Furieuse, Alix tournait en rond dans la grande salle de Castelnaud, remâchant la proposition du Parfait, maudissant son frère et tous les catholiques avec lui. N'en avaient-ils pas assez, ces noirs cafards, gras comme des porcs et qui ne cachaient même pas leur lubricité tout en condamnant les femmes pour leurs appas ?

Elle était belle, Alix, dans sa fureur. Ses joues rouges de colère, ses yeux noirs aux éclats assassins, n'avaient nul besoin de fard. Sa beauté naturelle, chantée par le troubadour Guilhem, resplendissait. Ses lourdes boucles brunes, laissées libres, battaient sur son riche surcot. Sa robe, dont le haut laissait voir la naissance de seins charmants, virevoltait autour d'elle. On eût dit une guerrière.

Tout entière dévouée à l'amour courtois et aux mondanités, Alix n'appréciait guère les prêcheurs vêtus de sombre qui vivaient dans une austérité absolue et trouvaient asile dans le château de son mari. Elle aimait le luxe, les fêtes, l'amour charnel et ne s'imaginait pas en pur esprit.

« Ne craignez rien, madame. Nous vivons selon nos idées et prêchons la parole des Bons Chrétiens, mais nous ne condamnons ni n'obligeons personne. »

Hugues de Vassal, fils majeur, autrement dit coadjuteur de l'évêque cathare d'Agen, avait su la rassurer et la convaincre. Cet homme grand et maigre, aux traits émaciés, l'avait toujours un peu effrayée lorsqu'il venait prendre la parole dans la chapelle castrale de Castelnaud. Il portait l'ascétisme imprimé dans sa chair.

« Ne condamnez-vous pas la beauté ? Ne la dites-vous pas diabolique, alors que nos troubadours affirment que je suis comme Dieu m'a faite ?

— Si fait, toute matière est l'œuvre du Malin. Mais vous devez vivre selon votre destin. Vous serez sauvée quand il sera temps, quand vous choisirez le chemin des Parfaites.

— On dit que vous condamnez les relations charnelles entre mari et femme.

— Tout acte de chair est adultère et péché. Mais celle qui ne s'est pas engagée sur la voie de la perfection, la simple croyante, doit vivre comme sa nature le lui indique.

— Vous ne la rejetez pas de votre communauté ?

— Nous ne repoussons personne. Vous pouvez vivre libre, jouir de l'existence auprès de votre mari et vous abandonner aux charmes de l'amour courtois.

— Il faut pourtant aimer pour être vertueux !

— Certes, mais un jour, il faut prendre la voie étroite et difficile de l'accomplissement de soi, au sein de l'ordre cathare, et ne plus aimer que Dieu. C'est à ce seul prix que l'on peut sauver son âme. »

Alix se sentait touchée par ce raisonnement qui alliait l'absolu et le pragmatisme. Elle tenait néanmoins à défendre son échelle de valeur, et argumentait sans vergogne face au Parfait.

« Amour n'est pas péché, mais vertu, affirment nos troubadours.

— Il est toujours péché, mais pas pour la simple croyante.

— Cela revient au même. Bernard et moi, nous nous aimons, par notre âme et notre corps. Nous aimons l'union charnelle. Je ne pense pas que ce qui nous est agréable puisse déplaire à Dieu.

— Le mariage romain vous asservit, madame. Il fait de vous une enfant pour toute votre vie. Votre mari, ou votre famille si le premier est déclaré hérétique, dispose de tous vos biens et vous réduit à la misère. Vous pouvez être, à tout instant, chassée, répudiée ou enfermée dans quelque couvent. La religion cathare vous laisse libre, libre de la pratiquer en vivant à votre guise. Mais la seule liberté à nos yeux, c'est de rejoindre les Bonnes Chrétiennes de votre pleine volonté et de choisir de vivre hors du péché. Les communautés de femmes cathares accueillent toutes les personnes sur un pied d'égalité. »

Alix éclata d'un rire franc, qui contrastait avec l'austérité du discours. « Je ne me sens pas le goût pour cette vie de nonne, même cathare. »

Sa beauté, l'éclat de sa tenue la faisaient paraître comme un soleil auprès du sombre Bonhomme. Pratique, elle voyait dans l'adhésion à la religion cathare un moyen d'échapper aux manigances de son frère. Curieuse, elle avait envie d'en savoir plus sur cette théorie égalitaire, où une même âme passait du corps d'une femme à celui d'un homme.

« Que dois-je faire pour rejoindre votre religion ? Dois-je abjurer ? Dois-je renoncer à recevoir mon confesseur qui, parfois, me conseille bien ?

— Point du tout. Il vous faudra assister à mes prêches et recevoir de moi l'imposition des mains. »

Suivant les instructions d'Hugues de Vassal, elle fit son melhorament[1]. Tombant à genoux, elle s'inclina trois fois jusqu'à toucher le sol de son front, en récitant le Benedicite, puis en prononçant la phrase rituelle : « Bons Chrétiens, donnez-moi la bénédiction de Dieu et la vôtre. Priez Dieu pour nous, afin qu'il nous garde de mauvaise mort et qu'il nous conduise à bonne fin, entre les mains de fidèles chrétiens.

— Dieu vous bénisse, arrache votre âme à la mauvaise mort et vous conduise à bonne fin », répondit le Parfait.

Puis ils échangèrent le baiser de paix. Ne pouvant toucher une femme sous peine de pécher gravement, Hugues embrassa le livre sacré, l'Évangile de Jean, qu'Alix toucha à son tour de ses lèvres.

Bernard se réjouit fort de voir son épouse le rejoindre au sein de la religion des Bons Chrétiens. Ainsi, elle échappait à l'influence pernicieuse de l'Église catholique, toujours prompte à utiliser les femmes pour sa besogne, et il pouvait garder en main l'héritage de son beau-père, qui n'était plus soumis au dictat de Rome. Cette conversion embellissait également leur relation. Il pouvait désormais parler sur un pied d'égalité avec elle, et lui confier tous ses secrets. Il lui parla gravement de ce talisman que son ancêtre avait ramené d'Orient. Elle n'y prêta guère attention, touchant à peine de ses doigts le grossier bijou.

1. Dans la religion cathare, salut rituel du fidèle envers le Parfait à qui il demande sa bénédiction.

« Une si petite et médiocre chose peut-elle posséder autant de pouvoirs ?

— Parfois une simple parole sauve le monde. »

Peu de temps après, Alix se trouva enceinte ; elle y vit l'approbation de Dieu concernant son choix. Bernard ne cachait pas sa joie d'attendre un héritier.

« Tu portes le diable dans ton ventre ! » maugréa Bathilde, la vieille Parfaite qui travaillait au château comme chambrière. Alix blêmit et chancela sous le choc de telles paroles.

« Que dis-tu, maudite femme ! Tu vas porter malheur à mon enfant !

— Enfanter, c'est enchaîner une âme pure dans un corps voulu par Satan. C'est un crime, le plus grand des péchés, que de mettre au monde un enfant dans cette vallée de larmes. Moi-même, je m'y suis toujours refusée. »

Alix, après avoir secoué la vieille femme, la précipita au sol et, s'emparant d'un tabouret, la frappa jusqu'au sang. Elle se serait laissée aller aux pires excès sans l'intervention de Bernard qui chassa la chambrière.

« Laisse-la, c'est une ignorante. Elle ne sait pas qu'il faut offrir des corps aux âmes errantes pour qu'elles achèvent de se purifier sur terre. Tu portes peut-être en toi un futur Parfait. »

Alix mit au monde une petite fille qu'ils prénommèrent Blanche, pour la placer sous le signe de la pureté des anges. Par précaution, elle reçut le baptême de l'eau des mains de son confesseur catholique, et fut également présentée à Hugues de Vassal.

S'agissait-il de malédiction, de volonté divine ou de causes naturelles ? Aucun autre enfant ne vint bénir leur union, bien qu'ils missent un soin particulier à pratiquer, aussi souvent qu'ils le pouvaient, l'acte de chair qu'autorisaient les Parfaits et préconisaient les troubadours.

6

Castelnaud, 1209.

Lorsqu'en juin 1209 l'immense armée croisée, forte de cent mille hommes, se rassembla à Lyon, avant de fondre sur les terres du comte de Toulouse, Bernard pouvait encore croire que ses fiefs seraient épargnés.

« Le Périgord est trop éloigné des provinces convoitées, dit-il à son épouse. Nous sommes trop piètre gibier pour ces preux chevaliers. »

Il dut vite déchanter. Réuni en Quercy, tout près de ses forteresses, un fort contingent de soldats, sous les ordres du comte d'Auvergne et de l'archevêque de Bordeaux, ravagea l'Agenais voisin. Le bourg de Tonneins, avec ses cinq cents habitants, fut rayé de la carte, avant même que l'armée officielle ait fait retentir le fracas des batailles. À vingt lieues des châteaux de Bernard, Casseneuil vit s'allumer le premier bûcher de la croisade.

Hugues de Vassal, qui avait pu s'échapper de la cité en flammes grâce à l'amitié qui le liait au comte d'Auvergne, bien moins fanatique que le prélat girondin, vint faire au seigneur cathare le récit du désastre.

« Ces maudits sont pires que des puces sur un chien. Pensez-vous qu'ils menacent mes domaines ?

— Non pas, messire Bernard. La troupe trace sa route vers le sud. Les murailles de Carcassonne sont leur prochain adversaire. »

Bien que le danger soit, en apparence, passé, l'atmosphère restait pesante à Castelnaud. Les fêtes se firent plus rares et les chansons de Guilhem le troubadour prirent une triste mesure. Il composait pour son maître des sirventes guerriers où il n'était plus question que du grondement des armes et des images de corps déchiquetés. Bernard hésitait à engager des dépenses pour recruter des troupes. Il semblait pourtant qu'un ennemi invisible rodait dans les forêts profondes du comté, s'insinuait dans les murailles des places fortes.

Le lointain Périgord recevait régulièrement des nouvelles de la croisade. Tandis que les chevaucheurs du comte de Toulouse apprenaient à Bernard les désastres successifs, les émissaires pontificaux renseignaient Hélie Vignon, l'abbé de Sarlat, sur l'évolution du conflit.

« Notre comte Raymond est allé au-devant de la croisade, messire Bernard. Il a accepté l'humiliation du fouet sur le parvis de Saint-Gilles, a rappelé sa foi catholique et a symboliquement pris la croix. Mais rien n'arrête l'armée du Nord ; elle progresse vers les terres du vicomte Trencavel.

— Voilà bien le courrier le plus triste qu'on puisse imaginer. Il est évident qu'un aussi grand nombre de seigneurs n'aura pas fait tant de chemin pour la seule gloire de Dieu. Les épées tirées des fourreaux doivent rougir de sang avant de retourner au repos. »

À Sarlat, on fêta la première victoire.

« Béziers dévastée, martyrisée. Béziers n'existe plus. C'était une cité imposante et peuplée de bons catholiques !

— Certes, messire abbé, mais ils ont refusé de livrer les cathares qu'ils cachaient. Alors notre guide, Arnaud Amaury, le chef spirituel de l'armée de Notre-Seigneur, a proclamé : “Tuez-les tous, Dieu reconnaîtra les siens.” Ce fut une immense boucherie : vingt mille citoyens, chrétiens et hérétiques mêlés, hommes, femmes, enfants, furent passés au fil de l'épée.

— Il en a été fait selon la volonté de Notre-Seigneur. Souhaitons que cet exemple fasse tomber les armes et baisser les ponts-levis. »

À Castelnaud, un cavalier surgit un soir, tout poussiéreux et affolé.

« Trencavel est trahi, Carcassonne est tombée. L'ambassade a été emprisonnée au mépris de l'honneur et son seigneur se meurt dans une geôle infâme.

— Tu n'as pas de meilleure annonce à me faire, jeta Bernard avec colère.

— Si fait. Les grands seigneurs français renoncent à la croisade. Ils ne veulent pas des conquêtes acquises au prix de la félonie.

— C'est là une bonne chose pour les gens du Sud. La croisade est donc terminée. Nous nous en tirons à moindre mal, même si c'est pitié pour ce pauvre Trencavel.

— Hélas, les faits vont démentir votre optimisme. Arnaud Amaury, qui a ravi le titre d'archevêque de Narbonne, a nommé un chef militaire pour achever la pacification du comté de Toulouse. Il se nomme Simon de Montfort.

— Son nom m'est inconnu. Qui est-il ?

— Le puîné d'une puissante famille apparentée au roi d'Angleterre. Il est comte de Leicester et porte le léopard sur son blason.

— C'est un curieux hasard qu'il porte le nom de mon fief de Montfort, mon nid d'aigle sur la Dordogne, le jardin de mes troubadours.

— Son château familial repose au creux de la forêt de Rambouillet. C'est un homme gigantesque, un colosse à la barbe noire et à la voix de stentor, tout auréolé de la gloire d'une croisade en Terre sainte. Ce bon chef de guerre et noble combattant est un meneur d'hommes à l'ambition démesurée. Il ne reculera devant rien pour assouvir sa soif de conquêtes et pour prendre rang, lui le second, parmi les plus puissants du royaume. »

Des nouvelles identiques parvenaient au même moment à Hélie Vignon. La salle capitulaire de l'abbaye bruissait des conversations particulières, au mépris de la règle. Tous voulaient connaître l'avancement du conflit, savoir laquelle de la paix ou de la guerre allait l'emporter.

« Ce Simon de Montfort est-il bon chrétien ?

— Assurément, messire abbé. Ce noble chevalier du Christ a montré son honnêteté en refusant de servir des intérêts particuliers lors de l'expédition sur Jérusalem. Ni les adversaires de Venise, ni les chrétiens de Constantinople n'eurent à se plaindre de lui. Il n'a combattu que les hérétiques sarrasins.

— Quel est son objectif, à présent ?

— Toulouse. Il doit destituer le comte Raymond VI, l'ennemi de la vraie foi, et s'emparer de son comté. Il peut librement disposer, pour lui et ses vassaux, des biens dont il aura fait la conquête.

— Ne risque-t-il pas de détruire nos villes, de piller nos abbayes ? Nous autres, gens d'Église, avons tout à craindre des soudards.

— Arnaud Amaury, notre grand abbé, supervise son action. Il sait qu'il ne doit pas seulement vaincre les Toulousains, mais surtout arracher sans pitié le roncier mal croyant des terres chrétiennes et rétablir l'exemplarité et l'autorité d'une Église catholique mise à mal par un clergé décadent. Des murs de Montpellier aux portes de Bordeaux, tout rebelle sera abattu. »

Le déclenchement de la croisade n'avait pas été sans conséquence pour le Périgord. Parent éloigné des Cazenac, l'évêque de Périgueux, Raymond de Castelnaud, avait été destitué sans ménagement de son ministère. Le pape Innocent III le jugeait trop tiède dans ses convictions, voire même proche du catharisme. N'avait-il pas laissé gagner à l'hérésie les abbayes cisterciennes de Cadouin et Boschaud ? Un crime si abominable qu'on ne pouvait même pas en souiller un parchemin. Sa disgrâce fut muette. Son successeur, Raoul de Lastours, était un homme à la forte personnalité et à la foi inébranlable. Il entreprit la reconquête pastorale du comté du Périgord en reprenant à la lettre les mots du chef de la chrétienté. « La ligue des hérétiques doit être réduite par une instruction solide. L'attrait du péché séduit lorsque la langue du pasteur n'en détruit pas le charme. »

Le nord du comté du Périgord restait fidèle au catholicisme; l'hérésie résidait surtout en Sarladais, le long du fleuve Dordogne. Hélie, l'abbé de Sarlat, menaça d'excommunication et des flammes de l'enfer tous ceux qui quittaient le giron de l'Église. Des légats furent mandés où la foi n'était plus. Les clercs, partout prêchant, ranimaient les dogmes justes aux yeux de Rome. Mais les curés ignares, aux discours bancals, envoyés par Raymond de Lastours, ne firent pas le poids. La foi cathare avait trop d'attraits lorsqu'elle était défendue par le brillant Bernard, la belle Alix ou le savant Hugues. Leurs arguments avaient l'ardeur de la jeunesse et la force d'une solide culture biblique et littéraire.

7

Loin dans le Sud, Simon de Montfort avait entrepris d'encercler Toulouse par un large mouvement tournant qui incluait toute la partie occidentale de la terre occitane, laissant derrière lui un sillon de sang et de flammes. Faisant montre d'une vitalité guerrière sans pareille, il quitta sa base de Carcassonne et frappa alternativement vers l'orient et l'occident. Castres fût brûlée, puis l'imprenable château de Foix, fief du comte Raymond Roger, se trouva assiégé, le champion du Christ ayant juré de faire fondre comme graisse le rocher pour y griller le maître. Aucun échec ne le faisait douter : il savait que la guerre serait longue et que maint charnier nourrirait les corbeaux avant qu'elle ne s'achève. De volte-face en demi-tour, il ravagea la citadelle de Minerve, puis fit sauter le puissant verrou de Termes.

Niché entre Bordeaux et Clermont, le Périgord faisait encore figure de havre paisible. Une clairière de la forêt de Campagnac réunissait les cathares sarladais. Loin du chahut des hommes, la nature semblait les rapprocher de Dieu. Hugues de Vassal venait de leur démontrer brillamment, à l'aide de contes et d'allégories, la supériorité de la foi des Bons Chrétiens sur les superstitions catholiques.

« Pourquoi l'Église a-t-elle tant de haine pour nous, dame Alix ? Nous ne faisons rien qui soit contraire aux Évangiles. »

La bourgeoise qui parlait ainsi prenait de grands risques à venir courir les bois. Hélie Vignon pouvait la faire condamner au bûcher. Mais les hauts chênes semblaient une protection vivante. Comme beaucoup de cathares, elle aimait prier dans la nature, où n'intervenait pas la malice de l'homme.

« Nous leur faisons par trop de concurrence, répondit la châtelaine. Si notre parole était libre, si nous pouvions prêcher sans contraintes, plus personne ne se rendrait au sermon de curés menteurs, avares, prévaricateurs, lubriques et simoniaques. Nous, nous apportons la vérité des Évangiles, et nous la mettons en pratique au quotidien. Nous ne livrons pas de vagues promesses, mais l'exemple de la vertu. Les curés sont des pasteurs qui dévorent leurs brebis au lieu de les guider ; ils les livrent au Mal plutôt que de les garder.

— Notre royaume n'est pas de ce monde, intervint Hugues de Vassal, citant Jésus à travers l'apôtre Jean. Voilà pourquoi nous nous tenons éloignés des richesses terrestres, des biens matériels, des serments qui viennent de la langue et non du cœur, du pouvoir et de la violence des hommes. Nous ne pactisons jamais avec le monde ;

voilà pourquoi le monde nous hait. Quand je parle du monde, je désigne ceux qui le dirigent et y ont des intérêts puissants. Car le peuple, lui, nous suit volontiers. Avec nous, il a tout à gagner : une cité plus juste et un avenir plus radieux, quand l'Église catholique ne promet que châtiments et chimères. »

Alix buvait les paroles du Parfait. Elle était devenue, plus encore que son mari, une ardente prosélyte de la foi cathare. Cette douce jeune femme, éprise de la *fine amor*, avait pris goût aux joutes oratoires et philosophiques. Avant la croisade, elle pouvait encore organiser des débats contradictoires entre Hugues de Vassal et ses amis catholiques. La guerre ne permettait plus pareilles fantaisies. Mais, au nom de l'égalité entre hommes et femmes, elle imposait sa voix avec autorité, prêchant devant les Périgourdines comme si elle avait été reçue Parfaite.

Elle n'avait point, par ailleurs, renoncé aux plaisirs de la musique et du beau langage. Tout juste consentait-elle à se vêtir plus modestement pour assister aux prêches, mais toujours avec élégance. Sa haute taille et la noblesse de son port la désignaient d'emblée comme la maîtresse des lieux. Dans son double rôle de femme de lettres et de théologienne, d'épouse amoureuse et de croyante respectueuse de ses devoirs religieux, elle semblait au comble du bonheur. Seule la menace de la croisade venait assombrir l'horizon de sa vie.

« Crois-tu que nous aurons la guerre ? demandait-elle en se blottissant contre Bernard.

— Montfort veut Toulouse et nous sommes bien loin.

— L'ogre veut tout dévorer et nous serons sa proie.

— Alors aimons-nous une fois encore, faisons chanter nos corps à l'unisson. Que ce jour soit celui de la lumière, si demain les ténèbres doivent s'abattre sur nous. »

Elle frémissait d'une peur encore éloignée, juste une idée abstraite qui ne venait pas altérer son bien-être. Bernard savait qu'il ne pourrait se dérober encore longtemps à ses devoirs de chevalier, dépositaire du grand secret des cathares. Il devrait aller à la guerre, ou la guerre viendrait à lui. Pour Alix, le Périgord était encore le pays des merveilles, protégé des malheurs extérieurs par une bulle lumineuse. La réalité concrète du conflit religieux fit éclater ce beau rêve et les précipita tous deux dans le monde maudit de la matière.

« Messire Bernard, dame Alix, secourez-moi ! Je suis au bord de la mort. »

Guilhem le troubadour venait de regagner Castelnaud les habits poussiéreux et déchirés, la voix cassée. Il avait chevauché d'une traite depuis Cabaret, à trois lieues au nord de Carcassonne, sans repos, ni boire ni manger. Ses traits fins étaient défigurés par la peur et la fatigue ; ses yeux reflétaient l'horreur. Son récit, entrecoupé de pleurs et de gémissements, plongea la demeure dans l'angoisse.

Courageusement, Guilhem avait poursuivi sa mission de troubadour itinérant, chantant les mérites de dame Alix dans les châteaux qui voulaient bien encore ouvrir leurs portes aux errants. Puivert, où se réunissaient les plus célèbres cours d'amour, était désormais inaccessible, aux mains des Français. Cabaret, dans la Montagne Noire, était devenu le symbole de la résistance cathare et de la culture toulousaine. La guerre y avait piégé Guilhem.

« Montfort, que le diable l'emporte, a conquis Bram, dans la plaine garonnaise, et y a fait cent prisonniers. Pour convaincre les seigneurs de Cabaret de faire leur soumission, il fit crever les yeux et couper le nez des détenus, et les envoya sous les murailles de Cabaret, sous la conduite de l'un d'entre eux à qui on avait conservé un œil. Jamais je ne vis spectacle plus épouvantable que celui de ces malheureux à moitié morts. »

Le troubadour éclata en sanglots, ne pouvant pousser plus avant un récit dont chaque mot lui était douleur.

« Cabaret est-il tombé ? rugit Bernard, le ton sec et les yeux froids.

— Non pas, messire. Pierre Roger de Cabaret a fait, à son tour, mutiler des prisonniers français, et il continue de ravager l'arrière-garde des croisés. Ah, messire, croyez-moi : la guerre n'est belle qu'en chanson.

— Cela est fort bien », conclut Bernard, sans un mot de compassion pour son musicien.

Son regard semblait déjà tourné vers la guerre.

L'exemple de Cabaret avait encouragé le comte du Périgord à lancer l'offensive sur le Sarladais qui ne reconnaissait plus son autorité, lui préférant celle de Raymond de Toulouse.

« Cette conquête doit être spirituelle autant que militaire, le prévint Raoul de Lastours. Il ne sert à rien de posséder la terre, si l'on ne règne pas aussi sur les âmes. »

Par le jeu de confesseurs habiles, Hélie Vignon avait eu connaissance du lieu de réunion des cathares sarladais. Les soldats du comte encerclèrent la clairière où une vingtaine d'hommes et de femmes attendaient l'arrivée d'Hugues de Vassal. Quand ils virent les sergents fondre sur eux, l'arme au poing, ils ne tentèrent même pas de fuir.

« Maudits hérétiques, nous allons vous envoyer en enfer, hurla celui qui commandait la troupe.

— Nous y sommes déjà », répliqua dame Rolande avant qu'il ne lui passe l'épée au travers du corps.

Ce fut le signal du massacre. Les soldats exécutèrent un à un les cathares qui ne purent pas même esquisser un geste de défense, avant d'incendier le hameau de Campagnac et la forêt de chênes. Ce message de violence s'adressait directement au seigneur de Cazenac.

Bernard et Alix chevauchaient en silence, l'âme emplie de tristesse et d'une amère colère. Ils avaient passé la Dordogne au gué de Cénac et grimpaient à présent la rude colline qui conduisait sur les hauteurs de Cazenac.

« Maintenant, nous sommes en guerre, en guerre », ne cessait de murmurer le chevalier.

Une rude discussion les avait opposés à Hugues de Vassal.

« Les croisés sèment partout la ruine, la détresse et le feu. Notre pays se meurt. Ils sont pires que barbares ; il nous faut les chasser ou bien périr. L'heure n'est plus aux politesses, ni à la courtoisie. Ils veulent nous imposer leur religion ; deux fois différentes ne peuvent gouverner un cœur. Nous devons convertir de force la population du Périgord au catharisme.

— Notre religion ne recrute que des volontaires. On ne force pas les âmes, répliqua le Parfait. Nous devons accepter les débats contradictoires et laisser émerger la vérité. Ceux qui sont dans l'erreur doivent trouver leur voie vers la lumière.

— L'heure est passée et tout est dit. Ceux qui ne partagent pas nos convictions nous trahissent. Je ne puis laisser massacrer nos amis, comme à Campagnac. La vieille terre d'Oc tremble sur ses bases ; je dois m'imposer par la force, sinon tout est perdu. »

Les deux époux arrivèrent au sommet de la falaise de Cazenac. Le vent y soufflait fort, comme à l'accoutumée. Bernard déposa son talisman d'argent sur le rocher en forme de table, là où, vingt ans plus tôt, son père lui avait révélé le secret de leur famille. Les gravures sur la surface du métal lui semblaient toujours aussi énigmatiques. Bernard y cherchait une réponse sur la conduite à mener. « Parle-moi, parle-moi, indique-moi la route à suivre », murmurait-il à l'adresse du bijou. Un éclat de soleil vint frapper la surface métallique, faisant briller un symbole gravé.

« Une croix ? Non, pas. Ce n'est pas la marque de notre religion. Une épée, oui. C'est une épée qui brille sous les doigts de l'astre du jour. Je vaincrai par le signe de l'épée.

— Crois-tu qu'il nous faudra l'ouvrir ? lui glissa Alix en se serrant contre lui, posant sa tête aux boucles brunes contre sa puissante épaule.

— Nous ne sommes pas vaincus ! Nous allons chasser les Français, soumettre les catholiques et faire régner la vraie religion du Christ.

— Messire Hugues prétend que nous allons nous comporter comme nos ennemis, les adeptes du mauvais démiurge.

— Nous ne sommes pas des Parfaits. L'ordre féodal est immuable : ceux qui prient, ceux qui combattent, ceux qui travaillent. Nous autres, gens de noble condition, sommes soumis aux aléas des choses terrestres… et la force en fait partie. Nous devons tenir notre rôle. »

Ils regagnèrent Castelnaud, sinon apaisés, tout au moins convaincus de l'action à mener. C'était la guerre.

8

Bernard était persuadé qu'en alternant violence et persuasion, répression et générosité, il pourrait aisément gagner à sa cause les catholiques sarladais. Il n'en fut rien. Les paysans semblaient bornés dans leurs croyances, attachés plus que de raison au superstitieux culte des saints. Il dut employer la manière forte, celle que les combattants des deux camps utilisaient fréquemment. Il n'eut pas à se contraindre, mais seulement à suivre la pente de sa nature brutale.

« Cela a du bon de laisser parler la chair, et pas seulement dans le domaine de l'amour », dit-il à Alix en rentrant de quelque expédition punitive.

Mais les catholiques du diocèse faisaient montre d'un courage obtus, se laissant massacrer comme du bétail sans que les survivants songent à abandonner le prêche du curé. Ils se référaient de manière insensée aux reliques de leurs martyrs pour se comporter en victimes expiatoires.

« Ils meurent sans broncher, comme des cathares », songeait Bernard, soudain mal à son aise.

Hélie Vignon, son principal ennemi, s'opposait à lui, pouvoir contre pouvoir, et sa crosse n'était pas une arme moins redoutable que l'épée du chevalier. Le seigneur de Cazenac attaqua les biens de l'abbaye de Sarlat, ravagea les récoltes, coupa les vignes au ras du sol. Il envoya au prélat des messages personnels, tout sanguinolents, espérant ainsi faire tomber la ville. Il comptait quelques amis parmi les bourgeois, lassés du pouvoir absolu de l'abbé qui venait leur disputer jusqu'aux recettes de leurs commerces.

« Crevez-leur les yeux, qu'ils ne contemplent plus les horreurs de ce monde. Coupez-leur les mains, qu'ils ne puissent plus travailler la matière impie, ni prier le mauvais démiurge. Tranchez-leur les pieds, qu'ils renoncent à leurs pèlerinages sur les chemins du diable. »

Le cortège de pauvres hères mutilés prenait la direction de Sarlat où des gémissements les accueillaient. Les horreurs de la guerre, portées par les deux camps, s'abattaient sur le comté du Périgord sans que Montfort eût à intervenir.

Alix, de son côté, prêchait devant les communautés de femmes, éduquait leurs enfants, faisait maints cadeaux sur sa propre cassette à celles qui voulaient rejoindre les Bons Chrétiens. De caractère fier et emporté, elle admettait mal que l'on puisse résister à ses arguments. À Hugues de Vassal, qui lui reprochait ses conversions forcées, elle répliqua avec hauteur : « Ces femmes trouveront d'autant mieux la voie de la vérité si je les guide sur le bon chemin. Nous sommes la véritable Église des apôtres, alors que Rome est la grande prostituée, ivre du sang des martyrs. À quoi bon écouter leurs arguments puisque j'ai raison. Qu'elles se convertissent de gré ou de force, peu importe ! L'essentiel est qu'elles rejoignent la vraie religion et cessent de contrecarrer nos projets. »

L'affaire de Lavaur fut reçue par Alix comme un coup de poignard. Au printemps 1211, Montfort lança une vaste campagne sur l'est toulousain. Lavaur se dressait sur sa route. La place était fort belle ; au royaume de France, il n'était cité forte aussi superbe en plaine, aux remparts si puissants, aux fossés si profonds. Une femme y régnait, une amie d'Alix, dame Giralda, dont les troubadours chantaient la beauté. Fervente cathare, elle offrait sa générosité à tous, sans distinction. Jamais de sa vie un pauvre n'avait croisé son chemin sans recevoir l'aumône. Le chevalier du Christ ne pouvait s'imaginer défié par une femme : sa fureur fut à la hauteur de sa surprise.

Comme un vol d'oiseaux de mauvais augure, une forêt de flèches avait obscurci le soleil. Jamais autant de munitions n'avaient été utilisées pour clouer au sol des défenseurs perdus de terreur. Puis les pierres pesantes des catapultes battirent les remparts, tandis que d'habiles terrassiers en sapaient les fondations. Le fracas métallique des armes se fit bientôt entendre, comme les cris des soldats perchés au sommet des échelles jetées sur les dernières murailles. Une véritable marée humaine se précipita dans la cité en flammes. Giralda avait bien défendu sa ville ; Montfort décida que Lavaur devait être mise à sac, avec toute sa richesse, pour punir l'humiliation d'une résistance acharnée. Au mépris du plus élémentaire code de l'honneur, quatre-vingts chevaliers qui avaient combattu pour leur dame furent pendus et égorgés. Accompagnés par les chants de curés fanatiques et d'abbés mitrés, quatre cents cathares furent brûlés sur le plus grand bûcher jamais conçu de main d'homme. Le peuple, épouvanté, ne put que s'enfuir aux quatre vents, sans le moindre ballot, en chemise et en braies, rien de plus. Il fallut en grande hâte enfouir les cadavres dans un grand trou fangeux tant la charogne dégageait une odeur insupportable. Quant à dame Giralda, elle eut à subir le pire sort qu'une femme puisse imaginer. Livrée aux soudards, elle fut violée tant de fois que son corps n'était plus que plaies. Puis, encore vivante, elle fut précipitée au fond d'un puits, et sa dépouille recouverte d'un tombereau de pierres.

Alix ressentit le martyre de dame Giralda comme une violence personnelle, une offense faite à toutes les femmes, la négation de leur égalité fondamentale avec l'homme. Loin de se laisser gagner par une peur légitime, ou de satisfaire au désir de paix prôné par sa religion, elle céda à sa propre violence, jusque-là contenue dans les mots. Une virulente animalité s'empara de ses désirs et de ses actes. Elle se sentait louve auprès de son époux qui se comportait comme un prédateur des biens du clergé. Elle retrouvait, dans sa bouche, le goût du sang qu'elle avait éprouvé en poignardant Guillaume de Gourdon. Ce souvenir, un temps effacé par des années de bonheur, revenait la hanter. Il était si facile de franchir le pas, de trancher le nœud gordien. Un problème pouvait se résoudre en éliminant sa cause, fût-elle humaine. Menacée dans ses fiefs et sa situation de femme libre, Alix était devenue, plus que Bernard lui-même, une farouche combattante de l'idéologie cathare. Cette galante se fit furie pour défendre et répandre la foi qu'elle croyait juste. Que ces sottes femmes catholiques puissent s'opposer à elle déchaîna sa colère. À celles qui refusaient encore la conversion, elle fit couper les seins et les pouces. « Ainsi vous ne pourrez plus mettre au monde et nourrir des diables sans espoir de salut et qui se transforment en autant de guerriers qui complotent notre perte. »

Dans le Sud, les nuages des incendies continuaient d'obscurcir l'horizon. Toulouse voyait son territoire se réduire comme peau de chagrin. Montfort paracheva son œuvre en nourrissant de plus de cent fagots hérétiques le bûcher des Cassès, aux portes de la ville. Puis le cruel croisé attaqua les évêchés cathares d'Hautpoul, en Albigeois, et de Penne, en Agenais. Le souffle du démon s'approchait du Périgord à le toucher. Bernard et Alix crurent bien que les armées catholiques allaient fondre sur leurs châteaux. Mais Montfort préféra précipiter ses troupes sur Moissac dont les trois cents défenseurs furent passés au fil de l'épée.

Bernard redoutait, à présent, tous les courriers qui lui arrivaient de Toulouse. Ils ne portaient que de mauvaises nouvelles. Celui qui lui parvint, en ce mois de septembre 1313, portait le deuil de ses espérances.

« La guerre est finie ! Toulouse est tombée et le roi d'Espagne est mort. »

La foudre s'abattant sur Castelnaud n'aurait pas laissé ses occupants plus consternés et hébétés. Le découragement engourdit leurs cerveaux, gagna leurs membres soudain las. Tout le sud du royaume se trouva paralysé, comme sans défense.

Entièrement isolé, Raymond VI avait dû accepter l'affrontement. Il n'avait que trop tardé à faire appel à son cousin, Pierre d'Aragon, souverain de la très catholique Espagne. Et c'est une armée occitano-espagnole trois fois plus nombreuse que les croisés de Montfort qui convergea vers Muret, à trois lieues au sud de Toulouse ; la victoire des phalanges aux bannières sang et or était certaine. Encore fallait-il compter avec Montfort ! Rusé comme le Goupil, il confia au fidèle Alain de Roucy la tête d'un commando qui, en plein cœur de la bataille, isola et assassina le roi espagnol, dont l'armée aussitôt se débanda, laissant quinze mille morts sur le terrain, les blessés pourrissant en travers du chemin. Les villes occitanes se rendirent en masse ; sans plus barguigner, les châteaux abaissèrent leur pont-levis. Dépossédé de ses droits et titres, Raymond VI se vit remplacer par un nouveau comte de Toulouse… qui se nommait Simon de Montfort.

Bernard et Alix ne trouvaient plus le repos. Même leurs étreintes amoureuses prenaient une tonalité lugubre. Fallait-il déposer les armes et se soumettre au vainqueur, comme tant d'autres avant eux ? Le prix du renoncement était trop élevé.

« Jamais je n'abjurerai ma foi, affirma le chevalier cathare. Mais toi, tu peux te sauver : ta famille est catholique.

— Je ne me soumettrai point à mon frère ! J'en mourrais de honte. Jamais, non plus, je ne t'abandonnerai. »

Ils se parlaient dans le noir de la nuit, comme des enfants qui veulent se rassurer. Mais les fantômes qu'ils voulaient chasser étaient trop nombreux, et leur souvenir trop pesant.

« Nous sommes allés trop loin pour faire marche arrière. Nous devons continuer la lutte, même si nous sommes les derniers. »

Ils se plongèrent, avec un mélange de délice et d'horreur, dans l'abjection de la violence. Leurs amours prenaient des airs de lutte. Dans la jouissance bestiale de leurs corps, ils ne voyaient plus la beauté et la lumière du ciel, mais le sang et les flammes de l'enfer du monde. Fallait-il donc se plonger dans le péché, explorer jusqu'aux confins du Mal, pour retrouver la trace infime d'un espoir de salut, porter la souffrance à son comble, avant de pouvoir remonter vers le plérôme divin ? Comme des animaux affamés et furieux, ils se précipitèrent avec avidité dans le carnage.

Les époux Cazenac continuèrent de ravager les campagnes sarladaises largement gagnées à l'hérésie, détruisant les biens de l'abbaye et foulant aux pieds les massacrés comme vendange rouge. Ceux qui refusaient de les rejoindre étaient tués, mutilés, ou chassés, et voyaient leurs avoirs confisqués.

Enfermé derrière les puissantes murailles d'une cité qui lui restait fidèle, Hélie Vignon, l'abbé de Sarlat, ne put faire autrement que d'appeler à son secours celui qui lui paraissait le plus apte à le libérer de cette oppression. Désormais établi dans ses fonctions de comte de

Toulouse, il restait à Simon de Montfort à pacifier les marches d'une région qui l'acceptait mal et regrettait son seigneur légitime. Il avait pour devoir de prêcher la foi juste à ses yeux, en pays hérétique. L'heure n'était pas au repos. Ceignant son épée, il enfourcha son cheval et remit en marche sa grande armée en direction du Périgord.

9

Périgord, 1214.

Le moine Augustin avait décidé de rencontrer le terrible Bernard de Cazenac. Comprendre cette hérésie qui prêchait la non-violence tout en pratiquant les mutilations les plus atroces lui devenait indispensable. Cette contradiction inhérente au christianisme était ici poussée à son paroxysme. Mais, si les moines de l'abbaye lui avaient fait bon accueil, les portes se fermaient sur son passage dans la campagne sarladaise où les égarés persistaient à suivre leur chemin erroné. Il s'était joint à un groupe de pèlerins en partance pour Compostelle, via Rocamadour. Le chemin passait par Montfort, un des fiefs du seigneur cathare.

« Le diable n'est pas là ; il guerroie plus au nord. Nous avons de la chance », lui avait dit un des deux sergents d'armes qui escortaient la petite troupe.

Augustin comptait profiter de la halte du soir pour quitter ses compagnons et pénétrer dans le château. Rassemblée sur une plage de galets, la petite dizaine de dévots se rafraîchissait avant de franchir à gué les eaux de la Dordogne, quand l'un d'eux poussa un cri. « Le seigneur de Cazenac ! Nous sommes maudits ! »

Juché sur un tertre surplombant le fleuve, Bernard observait le groupe qui s'égayait comme des lapins affolés tandis que les soldats s'efforçaient de les contenir. La peur les conduisait à leur perte. Il lança son cheval au galop, suivi par ses hommes, renversa les deux sergents, et rassembla les pèlerins dispersés comme un troupeau de vaches, non sans en avoir occis la moitié. Durant ce bref assaut, Augustin était resté immobile, regardant défiler humains et chevaux à sa droite et à sa gauche, sans esquisser le moindre geste. Il était prisonnier du seigneur de Castelnaud.

« Qu'allons nous faire de ces gredins ? demanda un soldat cathare.

— Les pendre, comme il se doit, répondit Bernard dans un grand rire. Mais je suis d'humeur généreuse. Ils pourront recouvrer la liberté s'ils répondent à mes questions. »

Il mit pied à terre, confia sa monture à un valet d'armes et s'avança fièrement, les poings sur les hanches.

« Où vas-tu, si richement vêtu ? demanda-t-il à un pèlerin bien habillé, un bourgeois qui cheminait vers le lieu saint pour se faire pardonner un péché d'usure.

— Je me rends à Rocamadour, sur les conseils de notre très sage évêque, répondit l'homme en tremblant comme une feuille.

— As-tu besoin de tant d'or sur le dos pour parler à Notre-Seigneur ?

— Dieu bénit les riches ; notre sainte Église doit avoir puissance et fortune pour assurer l'ordre du monde.

— Mauvaise réponse, pendez-le, décida Bernard tandis qu'on entraînait l'homme qui criait comme un porc qu'on égorge.

— Qu'en penses-tu, toi le moine, demanda-t-il à Augustin dont il avait remarqué le calme.

— Jésus ne possédait rien ; le clergé devrait être pauvre. Il faudrait que Sa Sainteté le pape ne possède aucune terre, que les évêques cessent de se comporter en féodaux, pour que l'Église puisse abriter la demeure du Seigneur.

— Serais-tu vaudois ?

— Point du tout.

— Et toi, rugit Bernard à l'adresse d'un des survivants qui en tomba sur le cul de terreur, saurais-tu me citer les douze apôtres du Christ ? »

L'homme se signa d'une main tremblante. « Je n'ai point de connaissance. Le savoir est souvent diabolique. Seuls les clercs doivent discourir des Saintes Écritures.

— Dieu déteste les ignorants, et moi aussi. Qu'on le pende !

— Pierre-Simon, Jacques fils de Zébédée et Jean son frère… »

Sans aucune émotion, la voix d'Augustin continua sa récitation.

« …André, Philippe, Barthélemy, Matthieu, Thomas, Jacques fils d'Alphée, Thaddée, Simon le zélote et Judas Iscariote, celui-la même qui le livra.

— Pas mal, mais il est normal qu'un moine sache cela, bien que la plupart soient d'une ignorance crasse et d'une paresse égale. Et ne crois pas sauver ta vie en cherchant à m'impressionner.

— Nullement, seigneur. Je suis simplement étonné par l'ampleur de ta culture biblique, quand la plupart des nobles français ne savent ni leur A ni leur B. »

Un éclair de fierté vint illuminer le visage de Bernard.

« Je te trouve aussi bien cruel de pendre un homme pour ce qu'il ne sait pas, reprit le moine. Ne sais-tu pas que le salut vient du cœur et non de la tête ? »

Agacé, Bernard se détourna vers le dernier survivant, déjà blanc comme un cadavre.

« Et toi, que sais-tu du voyage des âmes entre ciel et terre ?

— Rien, rien, je ne sais rien », murmura l'homme en parvenant à peine à desserrer les dents.

Bernard lui passa son épée au travers du corps en jetant à Augustin un regard de défi.

« As-tu encore quelque chose à dire pour ta sauvegarde, moine ?

— Mon maître, il Poverello, dit que la source de la lumière est cachée, mais que ses rayons touchent l'homme de bonne volonté. Parce que la lumière éclaire ce qui est en bas, l'homme peut connaître qu'elle vient d'en haut. Et la lumière naissante remonte du fond de l'abîme.

— Quel drôle de catholique tu fais ! Manges-tu de la chair animale ?

— Oui, mais je ne saurais occire une bête. Je me repends de manger de la chair, car les animaux sont nos frères, et la souffrance que nous leur infligeons est péché. Tout l'univers participe de notre être. Mon maître a écrit un hymne au "frère soleil" et à son frère le loup.

— Par Dieu, tu es cathare ! s'écria Bernard en lâchant un abominable juron.

— Point du tout, mais je suis venu pour te rencontrer et connaître ta religion.

— Tu m'amuses, moine. Mais tu as bien répondu. Je suis un homme de parole et tu as gagné ta liberté.

— Ma liberté est de te suivre.

— Alors, je vais t'emmener dans mon château. Tu distrairas mon épouse qui est plus férue que moi en théologie. Et notre évêque, Hugues de Vassal, achèvera de te convertir.

— Je suis venu pour toi, seigneur de Cazenac. Je fais serment de te ramener au sein de la vraie religion, romaine, catholique et apostolique. »

Augustin découvrit avec étonnement que celui qu'il prenait pour un barbare vivait dans un luxe relatif et un épanouissement culturel. L'été, les Cazenac résidaient dans le frais château de Montfort. Alix en appréciait les petits jardins qui lui rappelaient la demeure paternelle. Entourée de savants et de troubadours, elle se consacrait à l'éducation de sa fille, Blanche, une timide et blonde adolescente. « Comment avons-nous pu engendrer une aussi douce créature ? » disait-elle à son époux. Elle voulait l'éduquer fermement, la préparer à un monde où l'épée comptait plus que la poésie, mais la petite demeurait paisible, presque indolente.

Augustin se croyait revenu dans la brillante Italie, et comprenait mal comment l'on pouvait associer tant de raffinements à une telle cruauté. Alix l'intimidait ; elle lui rivait son clou chaque fois qu'il tentait de défendre la théologie catholique. Elle était péremptoire, et plus habile encore que son mari dans les choses de l'esprit.

« Il me semble qu'un peu de modestie siérait plus à une dame de votre qualité. Ne feriez-vous pas mieux de filer votre quenouille plutôt que de vous mêler de débats qui ne conviennent qu'aux hommes ? » finit-il par dire, exaspéré et à court d'arguments.

Elle se leva furieuse. « Deborah ne fut-elle pas juge en Israël ? Et les femmes autour du Christ, se contentaient-elles de laver sa chemise ? Et les prêtresses de la gnose chrétienne ne prêchaient-elles pas ? Et puis, ça suffit, tais-toi, moine Augustin, ou je te fais couper la langue. »

Bernard riait aux éclats devant la déconvenue du bonhomme. Il se sentait pris de sympathie pour lui et, au fil des semaines, lui accorda sa confiance. Ils jouaient à se convaincre, à se convertir l'un l'autre, sans animosité ni fanatisme, simplement pour le plaisir de l'esprit. Un dimanche matin, Bernard vint le trouver, vêtu comme un simple paysan.

« Quel est ce déguisement, messire ?

— Viens avec moi !

— Où allons-nous ?

— Là où un moine doit se trouver le dimanche : à la messe. »

Ils cheminèrent en silence pendant une demi-lieue, en suivant le cours sinueux de la Dordogne. Avant de pénétrer dans la belle église de Carsac, le cathare glissa à l'oreille d'Augustin : « Observe bien les participants, même si cela doit te distraire de tes prières, retiens leurs visages. »

Après un sermon flamboyant, empli des flammes de l'enfer pour ceux qui goûtaient à l'hérésie, ils déjeunèrent dans les bois.

« Et maintenant, messire, où allons-nous ?

— Hugues de Vassal fait un prêche en pleine nature, au fond d'une clairière. Nous allons y assister. »

Augustin suivit Bernard qui s'agenouilla devant le Parfait. « Observe bien l'assistance », lui souffla-t-il encore une fois.

Stupéfait, Augustin reconnut ceux-là mêmes qu'il avait vus le matin à l'église : le boulanger et son épouse, le forgeron et ses deux fils, plusieurs laboureurs, des jeunes, des vieux. Il en oublia même d'écouter le discours du Bonhomme.

« Tu as compris, reprit Bernard, le soir venu, tandis qu'ils rebroussaient chemin vers Montfort. Les Toulousains ne sont pas séparés en deux camps, l'un catholique, l'autre cathare. La plupart pratiquent les deux religions, écoutent curés et Bons Chrétiens, et décident librement de leurs convictions. Ce sont les Français qui veulent semer la discorde entre nous. Moi, chevalier cathare, je dois maintenir l'ordre des choses, par la force s'il le faut.

— Ce serait trop facile si chacun pouvait prendre à loisir ce qui lui convient dans chaque religion. Je reconnais bien là la paresse provençale ! La voix royale est toujours étroite. Les contraintes, en posant un obstacle qui nous mesure, nous obligent à nous grandir », lui fut-il répondu.

Pour le plaisir des sens et de l'esprit, Bernard alternait, le soir, dans son château, les chansons de Guilhem, son troubadour favori, et les débats philosophiques où Augustin et Hugues de Vassal s'affrontaient en de pacifiques disputes. Le moine catholique et le Parfait cathare se rejoignaient parfois sur la forme et sur l'éthique, mais divergeaient sur le fond et la théologie. Il semblait à Alix que l'on atteignait là les sommets de l'art occitan.

« Tandis que la sainte parole de Dieu, ainsi que les saints apôtres et nos frères spirituels nous l'annoncent, nous enjoint à rejeter tout désir de la chair et toute souillure et à faire la volonté de Dieu, nous, serviteurs négligents, nous ne le faisons pas ainsi qu'il conviendrait. Souvent nous accomplissons les désirs de la chair et les tâches du siècle, si bien que nous nuisons à nos esprits. Entre les chrétiens, nous sommes pécheurs. Toute la multitude de nos péchés, nous la plaçons en la miséricorde de Dieu, en la sainte oraison et dans les évangiles. O Seigneur, juge et condamne les vices de la chair ; n'aie pas pitié de la chair, ni de la corruption, mais aie pitié de l'esprit qui est en prison au jour du jugement, comme les félons. »

Hugues de Vassal parlait avec flamme et détermination. La malice dans le regard, Augustin le félicita.

« Voilà un discours que pourrait approuver l'Église catholique, à quelques nuances près. Mais pourquoi cette haine de la chair ? Vous la croyez issue du démon, et vous nous dites aussi qu'elle est objet de péché.

— Non pas objet, mais sujet. Elle est la souillure, et pas seulement son support.

— L'Église a tenté d'encadrer la faute, de donner une règle de conduite. Ainsi le mariage....

— Nous ne reconnaissons pas le mariage romain ; ce n'est pas un sacrement de Dieu, intervint Alix. Bernard et moi, nous nous aimons librement, et acceptons d'un commun accord de partager nos vies. Cela peut cesser si l'un de nous se déprend.

— Le mariage a pourtant du bon. Le pape l'a créé pour protéger les femmes que leurs époux avaient tendance à répudier pour en prendre une plus jeune, tout en faisant main basse sur leurs biens.

— Cela n'empêche pas féodaux et manants de continuer à agir de même, répliqua amèrement Alix en songeant à son père et à Raymond de Toulouse.

— Votre culture occitane, pour cathare qu'elle soit, ne rejette pas les plaisirs des sens, bien au contraire. N'y a-t-il pas là une contradiction formelle ? »

Augustin pensait triompher en amenant ses interlocuteurs sur le terrain de leurs vies personnelles.

« Point du tout, intervint Bernard. Tu n'as pas compris l'essence de notre civilisation. Nous, les chevaliers cathares, nous pratiquons un code d'honneur basé sur la liberté individuelle. Nous évoluons sur une échelle dont les barreaux portent des noms brillants : mérite, courage, mesure, valeur, loyauté, fidélité, générosité, perfectionnement, droiture du cœur et de l'esprit, le paratge[1] qui est l'égalité des âmes, le pur amour qui est autant l'union mystique que l'acte de chair, et, au-dessus de tout, le douzième et ultime échelon, la Joie qui associe la jouissance des sens à la félicité suprême obtenue par l'observance

1. Dans la langue des troubadours, le paratge suppose que les âmes humaines peuvent être égales en honneur et noblesse.

des vertus précédentes. Je te le répète, c'est la liberté qui soutient cette échelle digne de la vision d'Ézéchiel. Chacun de nous peut librement passer des plaisirs de la chair à la perfection religieuse. L'Église cathare propose un rite, une voie ; elle n'a pas autorité sur nos vies et nos choix. Notre art de vivre est une philosophie de la recherche de l'absolu et du perfectionnement nécessaire de chacun pour progresser. Ton Église, avec sa haine et ses bûchers, met en danger notre bel équilibre. »

Augustin se tint pour battu dans ce débat ; il éprouvait une réelle admiration devant tant de beauté dans une telle quête. Mais il voyait distinctement la faiblesse du système. « Vous n'avez que vos cœurs vaillants comme garde-fous. Une bien fragile barrière pour ne pas tomber dans la folie du monde. Trop de plaisirs s'oppose à trop de perfection ; vous manquez de réalisme, de sens pratique. Votre religion est belle parce qu'elle est minoritaire. Si un jour, à Dieu ne plaise, vous régnez sur le siècle, vous risquez d'être bien plus fanatiques que ceux qui, aujourd'hui, allument les bûchers. »

10

« Il est arrivé ! L'ogre de la vallée de Chevreuse, le vampire assoiffé de sang a franchi le fleuve suivi de ses soudards portant la croix cousue. »

Bernard de Cazenac avait regagné son fief principal de Castelnaud lorsque la nouvelle lui fut annoncée. Simon de Montfort était en Périgord, précédé d'une réputation sanguinaire qui vidait devant lui châteaux et forteresses et faisait déserter les troupes les plus sûres. Les chevaliers bardés de fer, qui marchaient en colonnes compactes, ne rencontrèrent que des remparts déserts et des portes battantes. Fous de terreur, les gens s'enfuyaient, les bras au ciel, par les champs labourés.

Ce n'était pas seulement comme chef des croisés que Simon de Montfort avait entrepris sa campagne militaire de l'été 1214, mais en tant que comte de Toulouse, titre qu'il avait officiellement reçu après la destitution de Raymond VI. Il venait sur ses terres mettre au pas les petits seigneurs du nord de la province et, en tant que champion du souverain français, borner son domaine. Le roi d'Angleterre, Jean sans Terre, duc d'Aquitaine, manifestait des ambitions dévorantes et lorgnait vers le Périgord et l'Agenais. Simon venait aussi rétablir la foi dans ce pays pourri par de folles croyances.

Désireux de marquer les esprits et d'affaiblir la résistance, il commença par assiéger la forteresse de Biron, entre Périgord et Agenais, dont le seigneur, Martin d'Algaïs, l'avait trahi. À la tête de mille cavaliers et de deux mille routiers, le sire de Biron faisait régner la terreur sur la région, pillant et rançonnant ceux qui passaient à portée de ses tours. En 1209, après avoir feint de rallier la croisade, avec seulement quarante hommes, il avait tourné bride dès le premier combat, pour jurer fidélité à Raymond de Toulouse. Montfort attendit son heure pour planter ses oriflammes autour de la puissante forteresse. Malgré la force de ses troupes, le seigneur périgourdin ne put rien contre le raz de marée des croisés. Après un violent assaut les murailles et les courtines furent investies et la moitié des défenseurs laissés sur le terrain. Réfugiés dans le donjon, les assiégés reçurent de Montfort un ultimatum : ils auraient la vie sauve s'ils livraient leur maître. La loyauté des routiers ne pesait pas bien lourd ; des mains se saisirent de Martin d'Algaïs, le ficelèrent et le livrèrent au chef croisé. Appliquant au traître le supplice infligé à Ganelon par Charlemagne, il fit traîner le seigneur de Biron devant ses troupes, attaché à la queue d'un cheval au galop. Son cadavre resta exposé sur une potence.

Montfort dirigea ensuite son armée innombrable vers l'Agenais, siège d'un évêché cathare, s'emparant sans difficulté de Penne et de Sainte-Livrade, rasant Montpezat, pillant Marmande avant d'encercler Casseneuil. Belle et très fortifiée, bien que bâtie en plaine, la ville avait déjà subi les assauts de l'archevêque de Bordeaux cinq ans plus tôt. Mais les habitants, malgré le bûcher, étaient restés fidèles à la foi de leurs pères.

« Seigneur Bernard, n'irez-vous point au secours des gens de Casseneuil ? Si nul ne nous aide, les soudards dormiront bientôt tout bottés dans nos lits. »

La supplique du bayle Giraud de Montfabès atteignit au vif le cœur du Périgourdin.

« Je ne puis, j'ai à peine assez d'hommes pour défendre mes fiefs. Seul le roi d'Angleterre peut vous sauver.

— Il ne le peut plus. Le roi de France vient de le défaire à Bouvines, dans le nord du royaume. Nous sommes seuls désormais, face aux démons.

— Tenez bon ! Le vrai comte de Toulouse, Raymond, et non point celui qui usurpe son titre, peut revenir de son exil et faire briller vaillance et honneur. »

Un voile de désespoir passa dans le regard du bayle que le découragement avait saisi.

« Que pouvons-nous, messire de Cazenac, quand votre propre famille vous trahit ?

— Que voulez-vous dire, répliqua Bernard, rouge de colère.

— Votre beau-frère, Jehan de Turenne, a rallié la croisade, et assiège notre cité aux côtés de l'ogre.

— Jehan ! Le traître ! Il souille son sang. »

Alix avait pâli en entendant ce nom. Depuis leur différend religieux, elle n'avait plus aucun contact avec ce frère jaloux et versatile.

« Qu'espère-t-il gagner dans cette affaire ?

— Tout d'abord, faire oublier que son père était le principal allié de Raymond de Toulouse ....

— Mais encore ?

— Il veut vos terres ; il n'a pas renoncé à s'emparer de Castelnaud, Domme et Montfort. C'est le prix qu'il réclame pour son ralliement. »

Devant Casseneuil, le siège progressait régulièrement. Bien encadré par les ingénieurs et les maîtres charpentiers de l'archevêque de Bordeaux, Montfort avait fait fabriquer des ponts flottants pour franchir le Lot, puis une grande tour à étages d'où les arbalétriers décimaient les rangs des défenseurs, tout en se tenant à distance et en protégeant les sapeurs qui comblaient les fossés à l'aide de terre, de pierres et de bois. Les assiégés tentèrent d'incendier l'édifice, mais les peaux de bêtes qui le protégeaient, régulièrement arrosées, réduisirent leurs efforts à néant. Le 18 août 1214, un ultime assaut fut donné de nuit, provoquant la fuite des mercenaires agenais. Tous les habitants de Casseneuil furent passés au fil de l'épée.

« Béni soit Dieu en toute chose, écrivit le chroniqueur de la croisade, Lui qui a livré les impies. »

Deux semaines plus tard, Simon de Montfort était à Sarlat où l'abbé Hélie Vignon l'accueillit avec grande joie. « Loué soit Notre-Seigneur. Le châtiment suprême va s'abattre sur les fils de Satan. Pour l'heure, ils répandent encore le venin et le fiel, empoisonnant les âmes chrétiennes. Mais bientôt, il en sera fini. Voyez, messire comte, ces hommes sans mains et sans pieds, les yeux crevés, ces femmes aux mamelles coupées, que le tyran et son épouse ont mutilés par centaines. »

Devant ces corps amputés qu'abritait toujours l'abbaye bénédictine, le chef des croisés prêta un serment solennel.

« Moi, Simon de Montfort, je jure de réduire en charnier tout château résistant et toute ville rétive. Tous les habitants, de l'aïeul au nouveau-né, seront exécutés ; et ce que je dis, je l'ai déjà fait afin que l'on sache que mes paroles ne sont pas vaines. Une salutaire épouvante se lèvera chez nos ennemis et nul n'osera plus braver la croix de Dieu. »

Un conseil de guerre restreint réunit dans la salle seigneuriale de Castelnaud Bernard, Alix et leur ami Gaillard de Beynac.

« Que pesons-nous face à l'armée croisée ? Nous ne pourrons résister devant pareille force. Après quelques jours de repos à Sarlat, Montfort va marcher sur nos châteaux de la vallée de la Dordogne. Je propose que nous nous dérobions devant lui, pour éviter l'anéantissement. Il frappera dans le vide, s'épuisera, et nous pourrons alors harceler ses arrières.

— Un Beynac ne rompt pas, même devant plus fort que lui. Je résisterai et ne rendrai jamais hommage à ce félon.

— Tu n'es pas cathare, et le roi de France est ton ami. Tu risques moins que moi, et je dois rester en vie pour défendre notre cause qui est en grand péril. »

Portant subrepticement la main sous sa tunique, il toucha son talisman. Le moment approchait-il, où il devrait l'ouvrir et dévoiler le secret de leur salut ?

« À l'image de mon maître, Raymond, le véritable comte de Toulouse, je dois protéger tous les croyants, quelle que soit leur religion, reprit Bernard.

— Je crains bien que cela ne vous soit pas d'un grand secours, glissa Augustin qui s'était joint à eux. Montfort a l'habitude de massacrer tous ceux qui s'opposent à lui, cathares ou catholiques. Je l'ai vu à l'œuvre à Lavaur, où il a laissé violer la châtelaine par ses soudards et pendre de beaux et nobles chevaliers.

— Ce maudit détruit notre culture pierre après pierre. Les chants des troubadours se sont tus, remplacés par le *Te Deum* des bourreaux et le *Veni Creator* qui accompagne les flammes des bûchers.

— J'ai pu approcher Montfort, c'est un homme curieux, reprit le moine. Il vous ressemble un peu, messire de Cazenac. Tant de violence associée à tant d'émotions !

— Les cantos et les sirventes bien scandés lui tirent-ils des larmes ?

— Non pas, je ne le crois pas féru de *fin'amor*. Mais à Minerve, après sa victoire, il était prêt à laisser librement partir les cathares. C'est Arnaud Amaury, l'abbé de Cîteaux, qui a exigé la conversion ou le bûcher. J'ai vu Simon supplier les hérétiques de choisir la vie plutôt que la souffrance dans les flammes. Je l'ai vu pleurer de dépit quand ils ont tous refusé, sauf trois femmes, trois novices. "Ni la mort, ni la vie ne pourront nous arracher à la foi à laquelle nous sommes attachés", lui fut-il répondu. J'ai vu cent quarante Parfaits et Bonnes Chrétiennes se précipiter d'eux-mêmes dans le brasier. C'était le premier incendie que le sire de Montfort allumait, et je vous jure que ses larmes étaient sincères. Pourtant, c'est le même homme qui décida un peu plus tard de la boucherie de Lavaur où le monde chrétien fut souillé de honte ignoble ! »

Un lourd silence plana quelques minutes sur la pièce sombre. Il semblait qu'un froid soudain se fût emparé de l'assistance, malgré la tiédeur de l'été. Des images d'Apocalypse flottaient dans les têtes.

« Je maudis mon frère d'envoyer ce bourreau sur nos terres périgourdines. Son avidité et sa jalousie n'ont point de limite, dit Alix à son époux.

— S'il n'y avait que lui ! Archambaud, le comte du Périgord, y a autant d'intérêts. Voilà longtemps qu'il ne règne plus sur le Sarladais. La croisade lui offre les moyens de rétablir son autorité. Quant à Raoul de Lastours, l'évêque de Périgueux, il a lui-même écrit au pape pour que Simon vienne "extirper la peste" de notre région. Et l'abbé de Sarlat, Hélie Vignon, a cosigné la lettre. Nous sommes bien seuls face à des ennemis innombrables. »

Augustin s'adressa au jeune couple et leur parla de paix, de cette paix que, selon lui, l'Église avait essayé d'imposer en condamnant les soudards, en instaurant des sauvetés sur ses terres, en éduquant les chevaliers pour en faire des serviteurs du Christ.

« Il vous faut cesser la guerre, et tenter de faire régner pacifiquement vos idées généreuses. L'usage de la violence est condamné par les Évangiles tout autant que par la foi cathare. La paix est le corollaire de l'amour du prochain. "Paix sur la terre aux hommes de bonne volonté."

— Mon bon Augustin, lui répondit Bernard, ton Église est la première à lever des armées contre nous.

— Devons-nous pécher parce qu'il y a des pécheurs ?

— Non, mais nous devons nous défendre. La vie est ainsi, pleine de violence. L'Église cathare, elle, prêche et vit dans la paix. Elle est totalement non violente. Jamais on n'a vu un Parfait prendre les armes. Alors, c'est à nous, les féodaux occitans, de le faire à leur place. C'est notre devoir.

— Tu risques d'y perdre ton âme !

— Je ferai mon salut dans une autre enveloppe corporelle. Tu es moine et je suis chevalier. Va rejoindre ceux qui prient pour la paix ; moi j'ai à me battre. »

11

« C'est une belle place, messire comte, très forte, bien située et bâtie en un lieu agréable, sur les hauteurs de la Dordogne. »

L'immense armée croisée occupait la plaine, sur la rive droite du fleuve. À cent cinquante mètres au-dessus d'elle, sur un promontoire rocheux, pointait la silhouette menaçante d'un château fort. Les arrogantes bannières des Français, Bourguignons, Flamands et Bretons fleurissaient comme un verger à la récolte prometteuse. L'abbé de Sarlat, qui avait pris la croix pour quarante jours, chevauchait au côté de Montfort. Fort gros et bien nourri, le bonhomme se tenait sur sa monture avec l'élégance d'un sac et provoquait les quolibets des routiers. Il n'en avait cure. Bavard par nature, il continuait son rôle de guide.

« On le nomme “château du Roi”, mais nul ne sait à quel souverain, chrétien ou barbare, il doit son titre. Il passe pour imprenable, et l'un des plus forts de Guyenne.

— Peu importe sa réputation : il tombera comme les autres. Contre l'armée croisée, il n'est de roc qui ne s'effondre en poussière, ni de rempart qui tienne. »

Le comte entreprit de faire passer l'eau à ses troupes au gué de Cénac. Puis ils commencèrent l'escalade vertigineuse du mont de Domme. Ils progressaient lentement, avec la prudence de chasseurs, conscients qu'une poignée d'hommes déterminés aurait suffi à les culbuter au plus profond de la rivière. La courte végétation qui parsemait le sol en bouquets épars pouvait dissimuler bien des pièges. Après plusieurs heures d'efforts, ils prirent pied sur le sommet du mont.

Montfort poussa un cri de rage et de dépit lorsque son avant-garde, qui avait gravi la falaise du côté opposé, vint lui rapporter que la place était vide.

« Ce maudit faidit[1] refuse le combat et préfère la fuite. J'aurais bien préféré en finir avec lui.

— Une coalition de seigneurs occitans, dépossédés de leurs biens pour complicité avec l'hérésie, s'est formée à Périgueux autour du monarque anglais Jean sans Terre. Mais le godon leur a fait faux bond quand notre bon roi Philippe a montré les crocs. Même sans chef, les faidits n'en constituent pas moins une menace pour l'Église, intervint Hélie Vignon.

— Par la sainte Croix, je jure de ne point cesser le combat avant qu'ils ne soient tous dépossédés. »

Du haut du promontoire de Domme, Montfort voyait le vaste paysage périgourdin s'étendre à ses pieds,

1. Noble occitan dépossédé de ses biens pour fait d'hérésie.

comme offert. Il fut ému par cette beauté saisissante, quelque chose qui se rapprochait du jardin d'Éden, un lieu où l'homme pouvait être heureux. Mais il n'était pas venu pour le bonheur des hommes mais pour leur salut. Des tours piquetaient l'horizon : Beynac, Castelnaud, Montfort. Autant de places ennemies, de nids d'hérésie qu'il lui faudrait réduire.

Hélie Vignon désigna un clair village fortifié, blotti contre une vaste falaise qui se reflétait dans les eaux vertes de la Dordogne. « Celui-ci ne vous fera point de mal, messire, et vous y trouverez quelque appui. Nous, Hélie, abbé de Sarlat, et tout le couvent dudit lieu, faisons savoir, par promesse sacrée, que tous les chevaliers et autres habitants de La Roque-Gageac ne causeront aucun dommage d'ores et en avant, ni à vous ni aux vôtres, mais qu'ils vous seront toujours dévoués et fidèles, comme ils en ont fait le serment. Veuillez accepter la clé de cette cité.

— Il est bon, messire abbé, d'avoir des alliés tel que vous. Mais voici venir à nous le second des piliers qui assureront notre succès en Périgord. Soyez le bienvenu, Jehan de Turenne.

— Hourra pour votre victoire, mon beau sire !

— Un succès sans combat est d'une piètre estime. J'aurai besoin de vous pour achever cette campagne. »

Le blond seigneur quercynois semblait bien frêle, dans ses habits de cour, pour constituer un renfort appréciable.

« Mes ancêtres tiennent depuis des siècles leurs biens périgourdins des mains du comte de Toulouse, et nul n'est plus qualifié que vous, à ce jour, pour porter ce titre. Je vous fais donc hommage de mes biens de Castelnaud, Domme et Montfort, comme un vassal le doit à son suzerain. Je m'engage, en outre, à répondre à votre appel un mois l'an avec dix sergents d'armes.

— Dix hommes, et tout un mois ! Voilà qui m'est précieux ! »

L'ironie de Simon éclatait dans ses propos devant un si piètre engagement. Mais il avait compris le marché, et le nom de Turenne se devait de figurer sur la palette des nobles Occitans ralliés à sa bannière. Ils n'étaient pas si nombreux.

« Cela est fort bien. Je vous fais don des châteaux indûment détenus par votre beau-frère Bernard de Cazenac. Mais dix sergents, même bien armés, me semblent une troupe insuffisante pour garder un si grand bien. Vous ne verrez donc, je suppose, aucun inconvénient à ce que je fasse raser le donjon de votre forteresse de Domme où les hérétiques pourraient se rétablir. Les sapeurs et les maçons venus de Sarlat sont déjà à l'œuvre. »

Jehan se rembrunit. Décidément, personne ne le prenait jamais au sérieux, depuis son père qui l'avait dépossédé, jusqu'à cet arrogant Français. Que n'avait-il le caractère de feu de sa sœur ! Il aurait fendu en deux le géant du tranchant de son épée. Mais son bras était faible, et l'époque, dure aux maladroits.

« Détruire une si belle tour ! Si haute et maçonnée presque jusqu'au faîte ; une vraie couronne de duc sur le crâne de la montagne. C'en est pitié ! Agissez pourtant comme bon vous semble.

— Cessez vos jérémiades ! – La colère grondait dans la gorge de Montfort. – Et donnez-moi les moyens de capturer votre maudit beau-frère. Je m'en vais l'extirper de sa coquille de Castelnaud.

— Je connais une place où vous ferez meilleure prise ….. »

Au soir de la victoire dommoise, Hélie Vignon avait demandé un entretien privé à Simon de Montfort.

« Je crains bien, messire comte, que notre ennemi ne détienne quelque objet diabolique qui lui donnera la victoire sur nous. »

Le gros homme, gêné, se balançait d'un pied sur l'autre.

« Eh bien, parlez ! Attendez-vous de prendre racine et qu'il vous pousse des fruits sur la tête ?

— Nous avons capturé, il y a peu, un vieux serviteur du château de Castelnaud. Il refusait de parler mais nous avons su être… persuasifs. Et il n'a été que trop heureux d'accepter de sauver sa vie contre une réconciliation avec la très sainte Église. Il est mort peu après, d'ailleurs, de ses blessures. Que Notre-Seigneur…

— Paix à son âme, le coupa Montfort.

Attablé devant l'abbé, il déchiquetait un poulet à belles dents, sans songer un instant à inviter son visiteur.

« Selon notre défunt informateur, le maître de Castelnaud porte en permanence autour du cou une boîte en argent recouverte… Ah, j'ose à peine prononcer ces mots ! Il se signa avec ostentation. – recouverte d'inscriptions que l'on dit judaïques. Il a signé un pacte avec le diable. Castelnaud est devenu la synagogue de Satan. »

Montfort se signa rapidement, comme pour se débarrasser d'une obligation, puis retourna à son repas.

« Je crois peu à l'efficacité du diable, face à la sainte Église.

— Le vieux serviteur avait connu Bernard de Cazenac en son jeune âge, et il s'est laissé aller à des confidences. Ce talisman protégerait la religion cathare… Il contient une formule magique qui pourrait les sauver, s'ils se trouvaient acculés à la défaite.

— Il aurait dû s'en servir plus tôt, grommela le nouveau comte de Toulouse. Vous croyez à ces sornettes, l'abbé ?

— Il suffit que le peuple y croie ! »

12

« Votre ennemi vous attend à Castelnaud ? Vous plairait-il auparavant, sire de Montfort, de détruire Montfort ? Vous pourriez y trouver récolte à votre goût. »

À cette étonnante proposition de Jehan de Turenne, Simon avait répondu par un éclat de rire tonitruant.

« Me prenez-vous pour un de vos troubadours occitans qui rimaillent avec leur patronyme ? Mais il m'agréerait assez, en effet, d'assiéger mon propre nom et de le libérer des putois qui le souillent, même si cette homonymie tient du hasard et non du sang. »

Il avait suivi le conseil de son allié de circonstance et la grande armée avait remonté la Dordogne sur une demi-lieue, à bord de barques et de gabarres réquisitionnées. Le siège du château de Montfort ne fut qu'une formalité. Bâtie en surplomb sur la rivière, où elle faisait office de poste de péage, la forteresse était en fait mal protégée du côté du village. La piétaille et les valets d'armes du chef croisé eurent tôt fait de franchir les murailles et d'enfoncer les portes, d'autant plus facilement qu'aucun soldat ne défendait la place. Seuls quelques civils effrayés peuplaient les vastes salles de cette maison plus apte à abriter les sonorités du luth que les coups d'épée, et dont les jardins avaient enchanté les beaux jours d'Alix de Turenne. Un individu mieux habillé que les autres fut amené devant Simon de Montfort.

« Qui es-tu, maudit cathare ? hurla celui-ci de sa voix d'ogre, la barbe en bataille, furieux de n'avoir pas capturé le châtelain.

— Je suis Guilhem, le troubadour, et je suis bon catholique, messire comte, comme tous les gens d'ici, répondit le jeune homme en tremblant comme une feuille.

— Un troubadour ! Un de ces jongleurs truffés de foutreries, que gavent des mécènes ! – Le mépris tombait de sa bouche. – Tu ne vaux même pas le poids de bois pour te brûler. Où est ton maître ?

— Je ne sais pas, messire, répondit Guilhem qui pouvait à peine parler. Avec les siens, je suppose, dans sa forteresse de Castelnaud.

— Pourquoi ce damné Turenne m'a-t-il envoyé conquérir cette coquille vide, me faisant perdre un temps précieux ? Je devrais l'étrangler ! »

Des cris s'élevèrent au-dehors, dans les jardins. Les soudards s'y donnaient à cœur joie, ravageant fleurs et arbustes. Mais une jeune fille s'était précipitée sur eux, tentant de les en empêcher, et ils la malmenaient rudement.

« Qui es-tu, toi ? » aboya Montfort.

La demoiselle, âgée d'une douzaine d'années, blonde, et parlant bien, n'avait rien d'une paysanne, malgré le rude habit qui la vêtait.

« Je suis Blanche de Cazenac, répondit-elle d'une voix innocente, en regardant le comte droit dans les yeux.

— Sang Dieu ! Tu es la fille.....

— Vous êtes ici chez moi. Je veux dire, chez mes parents, se reprit-elle.

— Enfin une bonne prise ! »

Un chevaucheur fut envoyé sur-le-champ à Castelnaud, porteur d'un ultimatum sévère et désespérant. Si Bernard et son épouse ne se rendaient pas, avec tous leurs hommes, d'ici trois jours, leur fille serait brûlée vive comme hérétique.

« Vous veillerez, messire Bernard, à bien me livrer le secret que vous portez autour du cou », précisait la missive.

« Mon Dieu, Blanche ! Prisonnière de ce monstre ! Nous pensions bien faire en la cachant à Montfort sous des habits de servante, quelle erreur funeste ! Je ne puis laisser périr la chair de ma chair ; nous devons nous rendre. »

La terrible annonce avait fait oublier à Alix toute la dialectique cathare sur la dérision de l'enveloppe corporelle. Pas un instant, elle ne pouvait imaginer la mort de sa fille. Bernard, les larmes aux yeux, la prit dans ses bras. Il connaissait les usages de Montfort. « Nous ne pouvons céder à cet homme sans honneur : il nous brûlera tous les trois et fera exécuter tous les nôtres, comme il l'a fait à Casseneuil. La moindre résistance lui est odieuse et le rend fou furieux. Nous ne pouvons ruiner notre cause. Plutôt voir tous les miens écorchés devant moi, embrasser leurs cadavres et périr le dernier. » Sa gorge bouillonnait de sanglots. Il aimait sa fille, son unique enfant, tout autant que son épouse. Mais il savait que les propositions de l'ogre de Chevreuse étaient un marché de dupes.

« Je vais aller lui parler ; il comprendra peut-être le cœur d'une mère. Laisse-moi partir ! supplia Alix.

— Et vous perdre toutes deux ! Plutôt donner ma vie. Mais cela ne sert à rien ; il exige une reddition sans condition, avec un bûcher pour conclure l'affaire. »

Ils restèrent longtemps à pleurer ensemble, l'un contre l'autre, éperdus de peine, incapables de réagir face à la monstruosité qui les frappait.

« Offre-lui donc ton talisman, dit Alix. Ce n'est rien qu'un objet matériel ; il ne peut contenir les secrets qu'on prétend. »

Bernard le tira de dessous sa tunique. C'était un bijou d'argent d'une facture assez grossière, sans grande valeur.

« Le fermoir en est soudé de telle manière qu'une fois ouvert on ne puisse le refermer. La tradition affirme que ce sont les anges du ciel qui l'ont scellé ainsi ...

— C'est le moment de le déclore ; notre fille est en danger.

— Cette amulette ne pourra la sauver ; elle ne concerne que notre foi.

— Notre religion est en danger !

— Mais elle n'est pas vaincue. De toutes les façons, le message de Montfort est clair : il nous veut tous les trois, pour nous faire payer les mutilations que nous avons infligées aux catholiques. Je pense qu'il se moque du talisman. Il veut éteindre notre race avec notre croyance.

— J'ai empêché des femmes d'être mère et d'allaiter des enfants. Je suis maudite, s'écria Alix en s'arrachant les cheveux par poignées. Dieu me frappe dans mon propre enfant !

— Dieu est bon ; il ne tue personne », dit doucement Bernard en s'efforçant de la calmer.

Les minutes passaient de plus en plus vite, comme affolées par la menace, et le jour fatidique approchait. Chaque seconde tombait comme une goutte de plomb. Le chef croisé avait entouré Montfort d'un triple rang de soldats et des cavaliers patrouillaient en permanence. Nul ne pouvait s'approcher. Cette impuissance à agir rendait Bernard fou de douleur et de rage.

« Peut-être qu'il n'osera pas, murmura Alix ; qu'il me donnera une chance. »

À l'heure dite, un bûcher fut construit sur la grande terrasse du château. Le moine Augustin, qui avait tenté une délégation, une ultime négociation faisant appel aux sentiments chrétiens du chef croisé, ne fut même pas reçu. À la tombée de la nuit, la jeune fille fut conduite, ligotée, sur le lieu de son supplice. Des hommes, habillés de noir, portaient son corps tremblant. Un prêtre l'escortait en priant pour le salut de son âme. Sa jeunesse n'avait été que chants, musique, poésie et beauté. Ses parents l'avaient gardée dans l'univers artificiel des jardins de Montfort, comme dans un paradis terrestre coupé du reste du monde, un lieu immatériel propre à assurer le bonheur d'une jeune cathare. Mais la brutalité du siècle avait détruit cet Éden enfantin. Elle se sentait agrippée par les mains du Mal. Les créatures d'un mauvais démiurge avaient découvert sa cachette et investi son refuge. Les silhouettes, autour d'elle, étaient sombres et menaçantes, comme dans les contes que lui narrait Hugues de Vassal. Elle craignait la souffrance et pas un regard ami pour la réconforter. Ce n'était pas des êtres humains qui l'entouraient, mais des démons. Elle ferma les yeux pour ne plus les voir. Elle paraissait hébétée, folle de terreur, et chantonnait doucement une comptine d'enfant. Sa frêle silhouette, tout de blanc vêtue, disparut bientôt dans les flammes dévorantes.

« Regarde bien, troubadour, et va dire à ton maître le sort que je réserve à mes ennemis. Regarde comme c'est beau, le feu. Tu chanteras mieux, maintenant. »

Deux gardes obligeaient Guilhem, en pleurs, à contempler l'atroce spectacle.

« En détruisant le fruit de ses entrailles, je saurai bien affliger ce démon femelle qui l'a porté. Femme et démon, c'est tout un. Cette prédicatrice prostituée perd les âmes qui l'écoutent, ruine l'ordre social et annonce la fin de notre temps. »

Le château fut ensuite entièrement détruit, rasé jusqu'aux fondations, tours abattues, donjon sapé, murailles démantelées, et les restes précipités dans les eaux du fleuve.

13

Simon de Montfort attendait des renforts avant de porter le siège sous les murailles de l'imprenable forteresse de Castelnaud. Partis un mois plus tôt, un millier d'hommes, Allemands et Flamands pour la plupart, remontaient paisiblement le long de la Dordogne en venant de Bordeaux. Ils allaient en habits civils, armes et armures rangées dans des fourgons, laissant leur esprit chevaucher au pas de leur monture, en suivant la verte douceur du fleuve. N'étaient-ils pas en pays ami ? Une pente herbue dévalait jusqu'au bord de l'eau, depuis un petit château que les autochtones nommaient Berbiguières. À mi-coteau, un bosquet barrait le paysage.

« Je m'attarderais bien quelque peu en ce lieu enchanteur plutôt que d'aller affronter ce diable de Cazenac », dit le commandant de la troupe, l'âme bucolique. Son lieutenant contemplait, étonné, le castel de pierres blondes.

« Qu'avez-vous, messire, vous semblez inquiet ?

— La forêt ! Je ne sais... Je vois la forêt marcher vers nous !

— La chaleur vous ferait-elle délirer ?

— Non pas, messire baron, je vous jure. Elle était à un bon quart de lieue, et la voilà à deux cents pas.

— Serait-ce quelque diablerie de ces cathares enragés ? », suggéra un moine tonsuré qui chevauchait à leur côté.

« À l'attaque ! Sus à l'ennemi, et pas de quartier ! Ces maudits étrangers ne vont pas peser plus lourd qu'une châtaigne en nos poings fermés. Tuons-les, compagnons ! Que le bruit de nos armes épouvante les Français. Que leur mort serve de leçon salutaire jusqu'en pays tudesque. »

Cazenac repoussa les branchages qui le dissimulaient et se précipita, l'épée flamboyant aux rayons du soleil, vers la troupe stupéfaite. Coincés entre les partisans du comte de Toulouse et les eaux profondes du fleuve, totalement désarmés et surpris, les croisés ne purent esquisser le moindre geste de défense. Bernard de Cazenac, qui avait rassemblé le gros de ses hommes pour l'opération, pénétra leurs rangs comme un caillou dans l'onde, taillant en pièces ses adversaires et répandant des ruisseaux de leur sang. Rejoignant le chef des Teutons, il le frappa de face d'un coup si puissant qu'il transperça son adversaire. Sa lance ensanglantée rejaillit dans le dos de l'homme. Les massues tournoyaient, les glaives rentraient dans les corps mal protégés, les épieux s'enfonçaient dans la chair tendre, laissant les cadavres sanglants et dépiécés couchés par centaines sur le pré.

Au plus fort du désarroi, alors que les croisés, plus nombreux, pouvaient encore espérer se reprendre et renverser le cours du combat, une sonnerie de cors et de trompettes se fit entendre dans leur dos, auxquels s'associaient des cris de guerre en occitan. Les prenant à revers, Gaillard de Beynac, allié et ami de Bernard, par la seule puissance de la charge de ses chevaux, les précipita dans la rivière. Rameutés, les paysans de la contrée rattrapaient les fuyards, achevaient les blessés à coups de faux, de pieux, de pierres et de bâtons, et dépouillaient les morts. Bernard lui-même fracassa le crâne du prêtre qui, réfugié contre un rocher, implorait sa pitié. Simple soldat autant que baron de haut vol, tous furent passés par les armes. Tant de braves furent laissés gisant, tant d'armes abandonnées, que la race des hommes en restera meurtrie jusqu'à la fin des temps. Quand le dernier croisé fut abattu et qu'on cessa d'entendre les râles des mourants, le seigneur de Castelnaud s'écria : « J'ordonne qu'on laisse les corps en place, sans sépulture, en proie aux bêtes fauves, aux rapaces des airs et aux voraces des champs. Qu'ils restent ainsi exposés, en mémoire de ma fille. Je lui offre ce gigantesque holocauste. Je jure de ne cesser le combat que le jour où elle sera vengée. Je te maudis, Montfort, toi et tous les tiens. »

Quand il apprit l'embuscade et le massacre, Simon de Montfort poussa un rugissement de lion humilié. Il cria, tempêta, menaça, fit armer ses soldats à la hâte, au risque de les précipiter vers un nouveau piège, et leur fit crever leurs chevaux. En vain ! Il ne parvint sur les lieux du drame qu'après plusieurs jours. La nuit tombante dissimulait les cadavres ; l'odeur, lourde, pénétrante, était insoutenable.

« Messire comte, regardez ! Ils sont encore là. »

Des flammes bleues, étranges, inquiétantes, couraient de corps en corps, comme un cortège funèbre qui aurait conduit à leur dernière demeure les soldats sacrifiés, morts sans sépulture. Le pré semblait n'être qu'un seul et même être dont la carcasse grouillait de vers lumineux. Les flammes se déplaçaient avec lenteur, créant l'impression de mouvements parmi les cadavres, comme si des survivants à bout de forces tentaient en vain de s'extirper de ce grand tas de morts. Aucun soldat n'eut le courage de se précipiter vers le champ désastreux.

« Ce sont des fantômes, les âmes perdues de nos soldats morts sans confession ni tombeaux consacrés !

— De simples feux follets, grommela Montfort.

— Non, c'est un miracle, un signe du ciel, murmura l'abbé de Sarlat. Cette colonne de feu, comme celle qui guida Moïse vers la Terre promise, va nous conduire à la victoire. Jésus, roi du ciel, est avec nous. S'ils connaissaient la fin du livre qui s'écrit, le rire des hérétiques se transformerait en sanglots dans leur gorge. »

Dressé sur son cheval noir, invisible dans la nuit, Bernard de Cazenac mesurait, avec un mélange de haine et de satisfaction, le désespoir des croisés qui se rongeaient les poings.

« Ma Blanche, ma fleur, tu reviendras chaque année, huit cents ans s'il le faut, hanter les Français jusqu'à ce que notre laurier reverdisse et que la fleur de ta jeunesse s'épanouisse. »

Les croisés s'étaient retirés après avoir enfoui les corps putréfiés dans une fosse commune bénie à la hâte. Le sol boueux, l'herbe tachée de sang absorbèrent les cadavres. Les claquements des sabots s'éloignaient. Montfort, faisant tourner son cheval, ne pouvait quitter les lieux du massacre. La flamme de la folie brûlait dans ses yeux ; il ne pouvait abandonner sans revanche le territoire de sa défaite. Il poursuivit ainsi son étrange ballet, puis immobilisa sa monture, humant l'air autour de lui comme un chien en éveil. Il tentait vainement de percer l'obscurité du regard.

« Montfort, seul ! C'est le diable qui me l'envoie murmura Bernard. Blanche, tu vas être vengée. »

Il serra machinalement dans sa main le talisman qu'il avait glissé sous son pourpoint, puis il évalua la distance qui le séparait du chef des croisés, dégaina sa grande épée et lança au galop son cheval ténébreux. Montfort le devina, plus qu'il ne le vit surgir du bosquet, défourailla à son tour et chargea, la lame au poing. Le premier choc fut terrible et les deux montures boulèrent les pattes en l'air. Jetés à terre, les adversaires se ruèrent l'un vers l'autre.

Ils se battaient. Oublieux des règles du combat, ils frappaient de leurs épées comme des paysans avec leurs haches ou des manants jouant du bâton, éprouvant leurs forces, cherchant le coup fatal. On eût dit deux géants des légendes anciennes, noirs dans la noirceur de la nuit. Des rivets de cuirasse, des éclats de métal sautaient de part et d'autre et, la lame ébréchée, ils se retrouvèrent sans armure, vêtus comme des gueux, la tunique déchirée, imbibée du sang de leurs blessures. Un ultime assaut, plus violent que les autres, brisa en même temps les deux épées. Ils continuèrent de se battre avec les poings, sans échanger ni un cri ni un mot. On n'entendait que les coups qui pleuvaient et le feulement rauque de leur souffle qui s'épuisait. Le géant français, la barbe en bataille, parvint à renverser son adversaire qui avait pourtant la vigueur d'un chêne. Ses mains, cherchant son cou pour l'étrangler, rencontrèrent un objet métallique. « Le talisman », grommela Montfort en refermant ses doigts sur la chaîne de fer dont on disait qu'elle ne pouvait être rompue par des mains d'homme.

Bernard lui écrasa les phalanges avec une pierre.

« Tu brûleras sur le bûcher avant de rôtir en enfer, hurla le Français.

— Je dévorerai ta réincarnation sous la forme d'un porc », cracha le Périgourdin.

Montfort empoigna le chevalier, le serrant contre lui à le broyer ; Bernard plongea ses dents dans la gorge de son ennemi, comme un loup qui veut saigner sa proie.

Soudain, un bruit de sabots se fit entendre. Les deux adversaires cessèrent leur lutte, dressant l'oreille, tous les sens aux aguets, puis se séparèrent, s'enfuyant chacun de son côté, rompant le combat comme des bêtes soudain effrayées de leur propre barbarie.

Si Bernard avait pu soulager sa peine par la férocité de la bataille, Alix, son épouse, était restée recluse à Castelnaud. Il la retrouva en pleurs et en désarroi, accablée comme une servante sous un fagot d'épines. Le noir de son deuil la faisait ressembler à une Parfaite cathare.

« Plus jamais nous n'aurons de joie, ni de plaisir, mon doux seigneur. Les temps de pénitence se sont abattus sur nous. Toute cette violence ! Je ne la supporte plus. Ce bain de sang ! Nous y perdons nos âmes ; nous nous condamnons à l'errance éternelle dans l'enfer de ce monde.

— Nous devons pourtant bien nous défendre, préserver les nôtres et notre culture. Montfort et les siens ! Je jure que bientôt les vers nicheront dans leurs orbites.

— Cela a-t-il sauvé notre enfant ? J'ai grande envie de me laisser aller dans la voie de la Vérité, et de rejoindre une communauté de Bonnes Femmes pour tenter d'y faire mon salut. »

Bernard était horrifié de voir celle qu'il aimait en proie à un tel désespoir. Hugues de Vassal vint à son secours.

« Le chemin de la perfection n'est pas faiblesse, mais force. On n'y tombe pas, on s'y engage librement. Vous n'êtes pas prête à prendre l'habit.

— J'ai juré de venger notre fille ; tu dois m'aider à accomplir ce serment.

— J'accepte, mais ce sera le dernier. Une fois la vengeance accomplie, je ne prêterai plus jamais serment. Je ne m'engagerai plus que devant Dieu et prendrai le voile des femmes cathares. »

Cette résolution fendit le cœur de Bernard. Beaucoup de faidits avaient vu leurs épouses revêtir l'habit des Parfaites. Pourtant, il n'avait jamais songé que la religion puisse un jour être un obstacle à leur amour. Il se rassurait en pensant que le temps n'était pas encore venu où il devrait se séparer d'Alix. Elle pourrait toujours changer d'avis lorsque les heures écoulées auraient adouci sa douleur de mère. Il saurait bien la reconquérir.

14

Pour Montfort, il n'était plus temps de barguigner. Sans attendre d'hypothétiques renforts, il rassembla ses hommes et les conduisit au pied du château de Castelnaud.

« Il est humainement imprenable, l'avertit l'abbé de Sarlat. Le comte du Périgord s'y est cassé les dents. Bâti de pierres dures et de mortier rugueux, avant qu'il ne soit pris, des milliers d'âmes nues s'envoleront des bouches.

— Laissez ici votre défaitisme ! Vous combattrez avec vos prières et moi avec mon épée. Mordieu, je ferai rendre gorge à ce cathare ! »

La forteresse, encastrée dans le rocher qui lui servait d'assise, semblait totalement close. On n'entendait aucun bruit ; seuls les cris des corbeaux tournoyant autour du donjon perçaient le silence. Entre les créneaux brillaient les casques des soldats toulousains.

« Ces noirs oiseaux vont nous porter malheur ! » maugréa un cavalier proche du baron français. Montfort sentait ses troupes hésiter. Un vent de frayeur soufflait sur eux depuis le massacre de Berbiguières. Il les devinait près de décamper. « Bandes de lâches ! Avez-vous peur d'une forteresse vide ? Cazenac refuse de nous affronter ; je saurai bien l'y obliger. »

Tordant d'un coup de rênes la bouche de son cheval, il lança sa monture au triple galop. Seul, la lance au poing, il chargeait la gigantesque citadelle.

« Quel courage a notre comte ! Nul ne saurait l'arrêter. Je ne le laisserai pas seul affronter le danger. »

Le cavalier qui craignait les fantômes se précipita derrière lui.

À la hâte, les Périgourdins relevèrent le pont-levis, fermant l'ultime accès à Castelnaud, et Montfort dut stopper sa monture pour ne pas basculer dans le fossé. De rage, en un geste de provocation, il jeta son arme qui vint se planter dans le bois de la porte avec un bruit funèbre.

« Cazenac, je te défie sur l'heure ! S'il te reste un peu d'honneur chrétien, affronte-moi ! »

Pour toute réponse, une volée de flèches vint se planter autour de lui, sans le toucher. Son compagnon eut moins de chance ; un trait lui traversa la gorge et le laissa mort. Faisant faire volte-face à son destrier, Montfort rebroussa chemin sous une pluie de projectiles qui semblaient ne pouvoir l'atteindre. Il rejoignit ses hommes convaincus à présent de l'invincibilité de leur chef.

« Nous allons assiéger la place. Quand ils auront faim et soif, ils se rendront et nous ferons un grand feu de leurs corps. »

Expert en matière de blocus, Montfort fit ceinturer Castelnaud d'une barrière de pieux aiguisés et d'un fossé. Seule l'infranchissable falaise sur la rivière restait ouverte, sous la surveillance de quelques soldats. Puis, sous la direction d'un ingénieur charpentier envoyé par l'archevêque de Bordeaux, il entreprit la construction d'une grande tour à étages d'où les archers pourraient faire jeu égal avec les arbalétriers périgourdins. À l'abri d'une chatte[1], un bélier suspendu, bien ferré et affûté, cognait nuit et jour contre le mur d'enceinte.

Lorsque les assiégés virent que leurs adversaires fabriquaient des échelles en grand nombre, ils comprirent que l'assaut final était proche.

« Nos réserves d'eau s'épuisent. Nous ne tiendrons pas une semaine de plus. » Le constat était amer pour les membres du conseil de guerre réunis, le visage sombre, dans la grande salle. Tous avaient les traits fatigués par le manque de sommeil, leur corps usé de porter depuis tant de jours la tenue de combat.

« Laissez-moi aller négocier votre reddition, contre la vie sauve pour tous, avança Augustin. Je suis moine et catholique, il m'écoutera.

— Il vous renverra parmi nous à l'aide d'une catapulte et votre corps s'écrasera sur le pavé comme une figue trop mûre. Votre religion ne saurait vous protéger. Ne savez-vous pas comment le comte a agi à Béziers ?

— Nous sommes perdus, murmura Alix. Je ne voudrais pourtant pas mourir avant d'avoir égorgé Montfort de mes propres mains.

1. Machine de guerre mobile qui permet d'approcher des remparts et d'abriter les sapeurs.

— Laisse là tes sombres pensées. Personne ne va mourir. Il est temps d'ouvrir le souterrain.

— Un souterrain ? De quoi s'agit-il ? Tu ne m'en as jamais parlé ! »

Un reproche passa dans les yeux noirs d'Alix, blessée par ce manque de confiance.

« C'est le secret de Castelnaud. Je vais vous conduire, mais auparavant, il faut prendre quelques dispositions. »

Cazenac ne laissa derrière lui qu'une poignée d'archers qui devaient, à intervalles réguliers, tirer des flèches sur les assaillants, avant de s'évanouir à l'aube. À la nuit tombée, il rassembla la garnison de Castelnaud au bord de la falaise en à-pic sur la Dordogne.

« Ces rochers sont infranchissables, pour les Français comme pour nous. Nous allons passer par le puits. »

Il veilla à l'évacuation de tous les habitants qui, un par un, gagnèrent à l'aide d'une corde une porte ouverte à mi-hauteur du conduit. Un couloir s'y engageait, où l'on pouvait progresser debout. On alluma des torches avant d'entreprendre la descente d'un interminable escalier.

« Il semble que l'on pénètre jusqu'à l'entrée de l'enfer, balbutia Augustin que cette promenade dans les entrailles de la terre n'enchantait guère.

— C'est plutôt notre planche de salut. »

Il fallut plusieurs heures pour atteindre le fond du tunnel. Une galerie suintant l'humidité s'enfonçait toujours plus loin dans le sol. Une forte odeur de pourriture agressait les narines. La cinquantaine d'individus qui constituait la garnison du château progressait lentement. Il fallait emporter à dos d'homme, enfermée dans de grands sacs, toute la richesse de la forteresse : armes, vivres, parchemins. Certains furent pris de malaise, tant l'angoisse régnait dans le souterrain.

« Il faut parfois plonger au plus profond de la matière pour s'en libérer », murmura Alix, comme si elle craignait que le choc des mots ne fasse s'ébouler sur eux le rocher. Sa philosophie ne fit pas recette. Tous se sentaient enfermés dans un tombeau et, l'imagination faisant des ravages, se voyaient errer dans le noir jusqu'à ce que la mort les prenne, épuisés de faim, ou perdus de folie.

« Il n'y a qu'un chemin, on ne peut s'égarer », dit le chevalier, mais ses paroles, qui se voulaient rassurantes, n'eurent guère d'effet. Il hésita avant d'ajouter : « Nous passons sous le fleuve. »

Ses mots glacèrent de terreur son entourage à l'idée des tonnes d'eau au-dessus de leurs têtes.

Ils entreprirent ensuite la pénible ascension d'un second escalier tout aussi escarpé que le premier. Certains défaillirent de fatigue. Enfin, une lourde porte en bois leur barra le passage. Bernard l'ouvrit grâce à un habile système de contrepoids dissimulé dans la paroi. Derrière le battant, aussi lumineux que le soleil, après ces heures passées dans la pénombre, Gaillard de Beynac les attendait, un large sourire éclairant son visage barbu.

« Bienvenue dans la première baronnie du Périgord ! Mon château est désormais le vôtre.

— Nous n'allons pas nous attarder, dit Bernard en serrant son ami dans ses bras. Ta forteresse pourrait, elle aussi, devenir un piège mortel. Nous allons dès aujourd'hui tracer la route. Mais nous devons, auparavant, détruire notre œuvre, afin que nos ennemis ne puissent suivre nos pas. »

Gaillard de Beynac envoya ses gens ouvrir les vannes situées au pied du long escalier. Les eaux de la Dordogne s'engouffrèrent dans le souterrain.

« Messire de Montfort, voilà près de six heures qu'ils n'ont pas tiré le moindre trait ! » Le soldat revenait du pied des murailles, tout heureux de s'en être sorti à si bon compte.

« Pourtant, on voit encore la silhouette des gardes entre les créneaux. Ces maudits cathares nous tendent une embuscade. »

Montfort marchait de long en large, comme un fauve en cage. Sa raison lui dictait la prudence, mais son instinct puissant lui disait qu'il y avait anguille sous roche. Il huma l'air, bruyamment, tel un loup qui cherche sa proie, soupçonnant une supercherie. Une lueur étrange, comme un éclair de folie, traversa son regard.

« Aux échelles ! Donnez l'assaut, immédiatement.

— Mais, messire, ils vont nous massacrer !

— J'ai dit : à l'attaque. Et je perce de mon épée le premier qui recule. Hardi, croisés ! Le pardon de vos fautes est au bout de vos glaives. »

Il empoigna lui-même un lourd échalier de chêne et s'élança le long du rempart. Les hommes le suivirent sans discuter plus avant. Les échelles furent jetées contre l'enceinte et tous entreprirent l'ascension, l'épée au poing, à l'abri derrière un grand bouclier. Pas une flèche ne fut expédiée sur les attaquants. Le sommet des murailles n'était garni que de mannequins.

« Cazenac ! Tu ne pourras m'échapper éternellement. Je jure de te brûler moi-même. » La fureur du comte s'était portée sur les appartements privés, dont les meubles avaient été dévastés. Les armes des Cazenac furent brisées à coup de hache et martelées sur les plafonds.

« Où est-il, maintenant ? Nous tenons toutes ses places. Comment le retrouver dans ce vaste pays aux forêts touffues, puisqu'il refuse de m'affronter ? »

Du sommet du donjon, l'abbé de Sarlat pointa un doigt accusateur sur le château de Beynac, de l'autre côté de l'eau. « L'arche de Satan », murmura-t-il.

15

Contrairement à Domme et Montfort, Simon ne prit pas le temps de raser Castelnaud. Une place aussi sûre et bien protégée, tombée intacte entre ses mains, méritait un sort plus enviable. D'autre part, il avait hâte de poursuivre la traque du chef cathare et n'entendait pas attendre l'arrivée de maçons et charpentiers aptes à démanteler la forteresse. Il plaça à la tête de Castelnaud un chevalier du nord de la France, accompagné d'une trentaine d'hommes d'armes, avec mission de contenir les perturbateurs de la paix et de garder la région dans le giron de la vraie foi. En finir avec Cazenac et regagner Toulouse où ses partisans l'appelaient à grands cris étaient ses seuls souhaits.

Montfort dirigea son armée vers Beynac, la seule place de la région qui ne s'était pas soumise à lui. Les bannières rouge et or flottaient fièrement au sommet des tours ; la place avait gardé un air de fête. Sans même tenter la moindre négociation, persuadé que son ennemi se trouvait à l'abri des murailles, il entreprit d'assiéger la place forte. Il n'eut pas à attendre plus de deux heures.

Un concert de trompettes, une forêt d'oriflammes et le piétinement de nombreux chevaux lui annoncèrent un événement inattendu. Gaillard de Beynac, superbe dans son habit de parade, s'avançait vers lui et demandait une trêve. Il n'était pas au monde de meilleur chevalier, de compagnon plus sûr, d'homme plus courageux, plus vaillant, plus courtois.

« De quel droit, messire de Montfort, assiégez-vous mon château ? Ne suis-je pas bon catholique ? Que me reprochez-vous ?

— Vous cachez dans vos murs un chevalier félon dont la tête est mise à prix. Si vous ne me le livrez pas sur-le-champ, je prendrai d'assaut votre forteresse.

— Sur mon honneur, messire comte, ma maison n'abrite aucun hérétique. Je vous invite à venir voir par vous-même et vous offre l'hospitalité. Si je vous abuse, que ma tête soit aussitôt tranchée. »

La réponse désarçonna quelque peu le Français. Le baron de Beynac ne saurait mentir aussi effrontément ; et il était notoirement connu qu'il tenait beaucoup à sa jolie tête. Montfort flairait un piège.

« Je ne me rendrai nulle part, mais plutôt, ce sera vous qui vous rendrez à moi. Votre château est le siège de Satan depuis de nombreuses années, et l'on sait que vous protégez les cathares.

— Que nenni ! Mes ancêtres n'ont-ils pas contribué à la fondation de l'abbaye de Cadouin ? Je demeure fidèle à mon maître, le comte de Toulouse.

— C'est moi, le nouveau comte de Toulouse, et vous devez me rendre hommage. Vous êtes considéré comme un seigneur très dangereux, un tyran cruel et un oppresseur brutal qui s'approprie les biens de l'Église. Si, dans un délai de cinq jours, vous ne m'avez pas livré la place et restitué les avoirs volés au clergé, je renverserai vos remparts. »

Furieux, Gaillard reprit sa monture et regagna sa forteresse, où il passa les cinq jours dans de multiples réflexions. Il savait ne pouvoir résister bien longtemps à l'armée croisée et craignait pour sa vie.

Le jour même où s'achevait l'ultimatum, Montfort entreprit le siège de la baronnie. Le lendemain, Gaillard de Beynac vint, du bout des lèvres, lui faire sa soumission.

« Trop tard, seigneur, vous n'avez pas respecté le délai proposé, et l'on ne m'a jamais vu renier ma parole. Je n'accepte pas votre hommage, et vous fais emprisonner sur-le-champ. »

Avec le courage hautain qui le caractérisait, Beynac toisa son ennemi, sans plus se soucier des gardes qui l'entouraient. Sa reddition prit une allure de défi. « Je me soumets à mon suzerain, le comte de Toulouse, c'est-à-dire à vous-même, messire de Montfort. Mais vous n'êtes pas tout-puissant. Vous devez l'hommage au roi de France, mon cousin, mon ami. Je représente, sur la Dordogne, son seul soutien face aux ambitions du roi d'Angleterre. Quand il apprendra votre attitude, il vous ôtera toute aide et toute légitimité dans vos entreprises. »

Montfort hésita, balançant entre colère et admiration devant tant d'audace. Gaillard de Beynac lui en imposait malgré tout, et le Français ne voulait pas déplaire à son souverain qui lui laissait les mains libres en Languedoc. « Vous ne manquez pas d'aplomb, messire baron, vous dont la famille abrite dans ses murs le siège de Satan depuis cent ans et plus. Mais je sais être généreux : je vous laisse la vie et vous rends votre château. Vous accepterez néanmoins que je le fasse démanteler. C'est bien le moindre des châtiments pour vos crimes. »

Montfort ressentit une certaine jouissance à rabattre la superbe de ce baron du Sud en lui abandonnant un château privé de défenses. Malgré les cris et les protestations de Gaillard, qui ne pouvait supporter d'être laissé ainsi sans protection, aussi dénudé qu'un nouveau-né, les murailles et le donjon de Beynac furent abattus.

Bien que son principal ennemi lui eût échappé, Montfort considérait la campagne du Périgord comme achevée. Les hérétiques n'avaient plus un seul rempart pour s'abriter. Avant de quitter la région, il prononça solennellement la destitution de Bernard de Cazenac, la confiscation de ses places de Castelnaud, Domme et Montfort, et de tous biens, meubles et immeubles, officiellement confiés à Jehan de Turenne. Il le déclara chevalier faidit, de par les graves et énormes délits commis envers Dieu et la sainte Église. Enfin l'immense armée s'ébranla vers le sud, faisant résonner sous ses pas la terre conquise.

16

Périgord, 1215.

Haut perché sur la Dordogne, le minuscule castel d'Aillac abritait désormais une communauté cathare, ou plutôt deux communautés, car il avait fallu séparer les hommes et les femmes. Tous y vivaient dans l'apparente simplicité des Parfaits, y compris Bernard et Alix qui y avaient trouvé refuge. Bernard avait laissé la direction des opérations à Hugues de Vassal, fils majeur de l'évêque cathare d'Agen. Que pouvait-il faire, lui, un chef militaire, dans un manoir indéfendable ?

« Il est bien étrange que ton misérable frère ne soit pas déjà venu nous déloger. N'a-t-il pas la garde de tous nos biens ?

— Il est mon frère, tout de même ! Peut-être a-t-il conservé quelque respect pour sa sœur ? » répondit Alix.

Dans sa place forte du Haut Quercy, à dix lieues de là, Jehan de Turenne se morfondait. L'humiliante condition où l'avait laissé Simon de Montfort donnait un goût amer à sa victoire. Alors que son père avait été le principal soutien du comte Raymond VI, lui était manipulé comme un simple pion par le nouveau maître de la cité rose. Aussi dans le secret de son cœur admirait-il son beau-frère, cet insoumis qui défendait une cause perdue. La honte se marquait également sur son front. Jamais il n'avait voulu la mort de Blanche, sa nièce. Il l'avait souhaitée comme monnaie d'échange pour s'emparer sans dommage des places fortes sur le fleuve. Raisonnement de boutiquier ! Le barbare français ne faisait pas de quartier, même aux enfants. Son confesseur avait absout son péché, mais si Bernard apprenait son forfait, il ne donnait pas cher de sa vie. Il le savait : il n'aurait pas assez de toute son existence pour expier son crime. Aussi dissimulait-il soigneusement aux agents de l'évêque que sa sœur et son beau-frère vivaient au village comme d'humbles paysans.

Aillac s'organisait comme un microcosme économique, car il fallait bien vivre. Le Périgord était devenu une terre gaste, ruinée par le passage de la croisade. Les récoltes piétinées annonçaient la famine. Le catharisme souhaitait que chacun, noble, religieux ou simple gueux, vive de son travail. Les Parfaits, à la différence du clergé catholique, gagnaient leur vie à la sueur de leur front. Le métier de paysan y était peu à l'honneur : la terre n'était-elle pas l'œuvre de Satan ? Et puis, elle était impossible à transporter pour ces éternels fuyards. À l'instar des juifs, ils exerçaient donc des métiers praticables en tout lieu, adaptés à une vie errante, qu'ils savaient ennoblir en les associant à la prière. Ils ne pratiquaient pas non plus l'élevage, l'abattage des animaux leur étant une horreur insurmontable. Ils consommaient toutefois les bêtes à sang froid. Aussi les pêcheries d'Aillac étaient-elles actives et approvisionnaient-elles les marchés des environs.

Hugues de Vassal avait également établi plusieurs ateliers de tissage, métier emblématique des cathares, que l'on nommait parfois « tisserands ». N'était-ce pas la profession de saint Paul ? Les croyants et les sympathisants de leur cause apportaient à Aillac la laine et le chanvre que des doigts habiles transformaient en fil et en toile, discrètement revendus sur les marchés de Sarlat, Périgueux, Brive ou Cahors, au nez et à la barbe des sergents de l'évêque.

Le moine Augustin était le plus efficace des agents de liaison. Il avait refusé de recouvrer sa liberté, lorsque Bernard lui avait proposé de rester à Beynac. Sa robe de bure lui servait de passe-partout.

« Ne suis-je pas votre prisonnier fidèle, messire chevalier ? N'ai-je pas fait serment de vous ramener à la vraie foi, non pas celle qui gémit sous la menace du bûcher, mais celle qui vient directement du cœur ? »

Augustin pouvait se prévaloir d'une première victoire. Bernard avait renoncé à massacrer et mutiler les catholiques qui croisaient sa route, admettant l'innocence foncière des gens du peuple. Il réservait sa haine pour les croisés et les inquisiteurs. Le moine allait de ville en ville, glanant des nouvelles du monde en guerre, cherchant à prévenir les menaces qui pesaient sur la minuscule communauté où il vivait. Il avait appris à aimer ces cathares austères, mais à l'honnêteté bien tranchée. Un jour, Bernard le vit rentrer dans l'atelier communautaire, le visage blême et bouleversé.

« Qu'y a-t-il, mon bon Augustin ? »

L'homme pouvait à peine parler. Ses jambes tremblaient si fort qu'il dut s'asseoir avant de prendre la parole.

« On commence à arrêter les partisans de mon maître, les béguins franciscains.

— Que peut-on reprocher à ces pacifiques et humbles moines ?

— Ils affirment que Notre-Seigneur Jésus n'était pas propriétaire de la tunique qu'il portait. Que l'Église doit vivre à son image et partager ses biens avec les pauvres. Ah, mon Dieu !

— Mais que se passe-t-il ?

— Ils ont brûlé deux de mes frères en Lombardie, pour hérésie. Ils nous considèrent comme des cathares ! Je crois que la catholicité tient plus à ses richesses qu'à son honneur et à sa vertu. A-t-elle oublié que l'orgueil est le premier des péchés, celui qui engendre tous les autres ?

— Vous comprenez, à présent, ce que signifie notre vie, traqué, rejeté, méprisé. C'est vous qui allez vous faire Parfait mon bon Augustin.

— Que nenni ! Jamais je ne renierai ma foi, et, s'il le faut, contre la puissance temporelle de Rome. On ne peut servir deux maîtres à la fois : Dieu et l'Église.

— Vous confondez le pape et César », plaisanta le sire de Cazenac, ému malgré tout par le désarroi du moine.

Bernard avait laissé pousser ses cheveux et sa barbe, et s'habillait de sombre, à la manière des Parfaits. Pour voyager discrètement, fuir l'enfermement d'Aillac et recruter des partisans pour la revanche, il s'enveloppait d'un grand manteau à capuchon qui le recouvrait entièrement. La situation ne lui paraissait pas désespérée ; à l'image du catharisme, il pensait qu'une guerre perdue pouvait se réincarner dans la victoire. Sa grande silhouette fantomatique parcourait les chemins creux du Périgord. Peut-être fuyait-il aussi l'image de son épouse.

Alix s'était enfermée dans la communauté des femmes d'Aillac, où elle cardait et filait la laine. Toujours habillée de noir, sans que l'on sache si elle portait le deuil de sa fille ou marquait ainsi son adhésion au catharisme, elle dissimulait soigneusement sous un foulard sa longue chevelure brune et portait des robes amples qui cachaient les appas de son corps charmant, un corps qu'elle refusait au désir de son époux.

« Ma mie, tu n'es point religieuse. Nous devons nous comporter comme mari et femme. N'oublie pas que je connais tous les plaisirs et les désirs que dissimule chaque parcelle de ta peau. Tu ne peux vivre ainsi en recluse.

— C'est toi qui parles ainsi, mon ami, toi qui es fils, petit-fils et arrière-petit-fils de cathare ? Ne vois-tu pas que j'aspire de toutes mes forces à quitter pour toujours cette vallée de larmes ?

— As-tu oublié notre amour, et la joie de nos cœurs, et les plaisirs jamais assouvis de nos chairs ?

— C'était dans une autre vie. J'ai toujours de l'amour pour toi, mon beau seigneur, mais je ne peux plus l'exprimer que par mon âme.

— Où est l'heureux temps des troubadours et de la *fine amor* ?

— Ce monde est mort. L'âme de la terre s'est réincarnée dans une autre époque, plus sombre et dégénérée. Ces épreuves doivent nous conforter. »

Bernard savait que les mots d'Alix ne cachaient que sa souffrance. Quand elle quittait la communauté, c'était pour se rendre dans quelque hameau, quelque ferme isolée, où elle avait appris une naissance. Elle se penchait sur le nouveau-né, le scrutait avec une attention telle qu'elle en effrayait les parents, dans le fol espoir de reconnaître la réincarnation de Blanche.

À l'image de son ami Augustin, le chevalier avait appris à calmer son indomptable caractère. Il appréciait désormais les paisibles soirées d'Aillac où, après un humble repas de pain frotté d'huile, de poissons, de légumes et de fruits arrosé d'un peu de vin largement coupé d'eau, il écoutait le Parfait Hugues de Vassal instruire les fidèles en leur narrant des contes moraux et symboliques.

« Un Bonhomme, lorsqu'il était cheval dans une vie antérieure, avait perdu un fer dans un chemin rocailleux. Réincarné en homme, il vint à passer sur cette même route, avec son "socius", son jumeau dans l'âme, et se souvint de l'accident. Ils cherchèrent le fer, et le retrouvèrent. »

Les têtes s'inclinaient à l'écoute de cette histoire naïve que beaucoup tenaient pour une preuve irréfutable. Sceptique mais émerveillé, Bernard attendait l'heure de la revanche.

17

En réduisant le Périgord, dernier bastion de résistance, Simon de Montfort s'était ouvert toutes grandes les portes de Toulouse. Puisque aucun guerrier ne pouvait vaincre l'ogre de la vallée de Chevreuse, mieux valait se soumettre, et attendre des jours meilleurs. Le pape Innocent III avait longuement hésité avant de prononcer la confiscation du comté de Raymond VI. Ce dernier s'était toujours affiché comme bon catholique, malgré la protection qu'il accordait largement aux cathares, et Sa Sainteté redoutait le trop grand pouvoir de l'ambitieux Français. Mais Foulques, l'évêque de la cité rose, méprisé et humilié dans sa propre ville, plaidait furieusement pour la confiscation.

« Le comte Simon, homme en tout point digne de louanges, n'a-t-il pas conquis la terre avec l'aide du Seigneur, et ne l'a-t-il pas partagée entre les grands et ses chevaliers ? Pouvait-on trahir un si noble serviteur, et revenir sur des dons conquis à la pointe de l'épée ? »

Le quatrième concile de Latran établit enfin la sentence qui se voulait définitive. « Les hérétiques ayant été exterminés dans les provinces languedociennes, le pays est maintenant sainement gouverné dans la foi catholique et dans une paix durable. Mais ce nouveau plant a besoin d'être arrosé. Raymond, jadis comte de Toulouse, reconnu coupable de complicité d'hérésie, sera banni et à jamais privé de son droit de propriété. Tout le pays conquis par les croisés sur les hérétiques sera remis au comte de Montfort, homme courageux et catholique. Le reste du pays sera confié en mandat à l'Église jusqu'à ce que le futur Raymond VII ait montré qu'il mérite d'en détenir tout ou partie. Les biens du comte de Foix sont également confisqués. Raymond VI et son fils s'exileront en Italie. Il leur sera pardonné s'ils cessent de protéger la sale engeance juive et les mauvais croyants. »

L'entrée de Montfort dans Toulouse n'eut rien de triomphal. Si on ne lui jeta ni pierres ni fruits blets, il dut subir l'indifférence hostile de la population.

« Simon le cruel est désormais le maître du pays, une province en fait tout entière entre les mains de l'Église, ce qu'un noble féal ne saurait accepter. Soyons patients, supportons tous vaillamment et paisiblement la volonté de Dieu », murmuraient les Toulousains qui l'avaient échappé belle.

Leur évêque Foulques aurait voulu voir la ville livrée aux soudards, les bourgeois arrogants éventrés, leurs riches maisons pillées et les belles Toulousaines violées, tout cela pour venger ses humiliations. Montfort avait refusé tout net. Il se voulait comte de Toulouse, légitime dans tous ses actes et garant de tous les droits. Il se contenta d'exiger des habitants un tribut de trois mille marcs d'argent et fit raser toutes les défenses de la ville, à l'exception du château Narbonnais où il établit son quartier général.

À peine installé dans cette ville, la fleur des cités, qu'il avait eu tant de mal à conquérir, à présent doté d'un des plus hauts titres du royaume, Montfort sentit l'ambition le gagner à nouveau, comme une fièvre maligne. Le sang des rois d'Angleterre ne coulait-il pas dans ses veines ? Il n'y avait pas de limites humaines à sa volonté. Il ravagea les terres d'Arnaud Amaury, le chef spirituel de la croisade, et lui confisqua le titre de duc de Narbonne. Il voulait ainsi forcer le roi Philippe Auguste à le reconnaître comme son principal soutien, son indispensable bras droit. On disait le Dauphin de faible constitution ; la couronne suprême n'était plus très loin du front orgueilleux de Montfort. Réduit au seul archevêché de Narbonne, Arnaud Amaury excommunia le présomptueux baron qui n'en eut cure. Le cadet pauvre était à présent comte de Toulouse et de Leicester, vicomte de Béziers et Carcassonne et duc de Narbonne. Il était le rempart de la chrétienté contre l'hérésie, l'homme le plus puissant de France ; l'Église lui devait tout. Le roi, sans lui, était peu de chose.

Ayant regagné leur bonne ville de Marseille sans renoncer à la lutte, Raymond VI et son fils envoyèrent des chevaucheurs à travers tous le pays d'Oc, en direction des faidits. La résistance s'organisait. Puisque Montfort avait su conquérir un immense territoire, il fallait l'y écarteler, l'y épuiser, l'y perdre, en soulevant tour à tour des révoltes qui le tiendraient éloigné de Toulouse, son centre stratégique.

Aussitôt la missive en main, Bernard de Cazenac réunit une cinquantaine d'hommes fidèles et marcha sur Castelnaud.

« Nous ne pouvons assiéger votre forteresse, si glorieuse et bien défendue, avec aussi peu de soldats, lui glissa Hubert de Fénelon, son lieutenant.

— Qui parle de siège ? »

Le cathare n'en dit pas plus, mais son regard laissait entendre que l'affaire était sûre. Ils avaient navigué de nuit, légèrement équipés, à l'aide des gabarres du port d'Aillac, chargées à ras bord, et qu'ils avaient laissé glisser au fil de l'onde, comme de paisibles marchands. Les hommes, dépités, se rassemblaient en silence sur l'étroite bande de terre boueuse qui délimitait le bord de la rivière. Loin au-dessus d'eux, inaccessible et menaçante, se dressait la noire silhouette de Castelnaud.

« Jamais nous ne pourrons atteindre le sommet de la falaise sans alerter les gardes », reprit Hubert de Fénelon, d'un naturel pessimiste. Bernard leur fit gravir quelques mètres du talus que protégeaient des buissons épineux. Avec un sourire matois, il désigna un trou de renard creusé dans la roche. « Glissez-vous là-dedans, vous qui êtes de médiocre taille », suggéra-t-il à son lieutenant.

L'homme s'enfila dans le tunnel : un vaste souterrain maçonné s'ouvrait dans la paroi. Tous le suivirent. Au bout de quelques pas, un mur infranchissable leur fit barrage, peignant le désarroi sur leurs visages.

« Y a-t-il quelque mécanisme secret, messire chevalier ?

— C'est beaucoup plus simple : juste une mince feuille de pierre qui va tomber sous la poussée de nos épées. Quand ils ont découvert que nous avions noyé le souterrain du puits, nos ennemis se sont crus à l'abri. Cette négligence va leur être fatale. Et maintenant, silence absolu. »

La pierre céda comme un parchemin fragile. Les hommes progressaient dans une obscurité totale, effrayante, sans voir les à-pics qu'ils frôlaient, devinant juste à la forte odeur de pourriture et aux bruits de clapotis qu'ils passaient au-dessus du réseau inondé. Le souterrain débouchait dans une cave oubliée sous une tour ronde. Une à une, les sentinelles furent égorgées, puis les combattants cathares investirent la place en poussant des cris effrayants.

Surpris dans leur sommeil, les défenseurs de Castelnaud furent massacrés et leurs corps pendus aux murailles du château. Bernard occit lui-même le chef de la place et fit poétiquement accrocher sa carcasse, comme un épouvantail, dans un pommier en fleur. Puis il laissa la citadelle aux bons soins de son lieutenant.

Montfort entra dans une de ses redoutables colères lorsqu'il apprit que sa forteresse périgourdine était à nouveau entre les mains de son ennemi. Sa rage engloba le chef cathare et, tout autant, son faible et infidèle allié, Jehan de Turenne, qui se déclara incapable de la reconquérir.

« Foutre Dieu ! Faudra-t-il que je fasse tout moi-même, en ce royaume ? »

Délaissant ses occupations politiques et la gestion des comptes de la province, il sauta à cheval, rassembla ses troupes et piqua des deux vers le nord, avec une rapidité qui surprit même ses adversaires.

Hubert de Fénelon n'eut pas la chance de son maître. Après un bref et inégal combat, il tomba entre les mains du Français furieux qui le fit pendre, pour l'exemple, au portail de Castelnaud.

La joie féroce de Montfort fut de courte durée. Tandis qu'il ferraillait en Périgord, à l'extrême nord-ouest de ses possessions, il apprit que Raymond VII le jeune, fils de l'ancien comte de Toulouse, tout juste âgé de dix-neuf ans, assiégeait sa bonne ville de Beaucaire, sur le Rhône, à l'extrême sud-est du comté. Ses amis crurent leur comte animé par le Malin ou quelque esprit mauvais. Il tournait sur lui-même, hurlait, piétinait, fendait l'air et faisait des moulinets avec son épée. Puis il partit à bride abattue vers Toulouse, y rassembla une troupe plus grande encore et, crevant ses chevaux, gagna le Rhône.

Beaucaire, qui avait vu naître le jeune comte Raymond, avait accueilli avec enthousiasme son libérateur. Les habitants avaient chassé les Français de la ville en faisant pleuvoir sur leurs têtes une averse d'eau bouillante, de pierres et de tisons crépitants, puis ils avaient apporté, avec ardeur, toute leur aide pour assiéger le château où s'était retranché Lambert de Thyry. Montfort encercla et assiégea les assiégeants.

« Il nous faudrait des ailes d'épervier pour nous enfuir, conclut Lambert de Thyry. Nous sommes perdus. Nul ne peut plus sortir pour puiser l'eau du fleuve, ni dans l'herbe mouillée mener nos chevaux boire. »

Au bout de trois mois de combats épuisants, à cours de vivre, songeant même à dévorer les plus faibles d'entre eux, les croisés du château firent leur reddition. Quant à Montfort, il subit sa première défaite en tentant de prendre d'assaut la ville, où ses troupes furent taillées en pièces et victimes d'un véritable carnage. Tandis qu'il rassemblait ses forces pour tirer vengeance des Provençaux, Montfort apprit que ses sujets toulousains venaient de se révolter contre lui, exigeant le retour de leur seigneur naturel.

À marche forcée, Montfort regagna sa capitale, prit des otages, pendit quelques insurgés, rançonna les bourgeois et priva les consuls de leurs droits coutumiers.

« Dieu ! Nous voilà traités comme juifs en Égypte ! Montfort lève sur nous ses griffes de lion », déclara un sage capitoul, homme de loi et de belle éloquence.

Mais à peine un incendie s'éteignait-il qu'un autre s'allumait, plus loin encore, réclamant plus d'hommes et de chevaux, entraînant plus de pertes et de fatigue. Montfort poursuivit le comte de Foix jusqu'à Lourdes, où il échoua à prendre la forteresse, surpris par le froid de l'hiver, puis il regagna la Provence, traquant ses adversaires jusqu'au château de Crest, en vallée de Drôme. À peine eut-il le temps de gravir les marches du haut donjon qu'une terrible nouvelle vint l'assaillir. En ce jour du 13 septembre 1217, Raymond VI, légitime comte de Toulouse, venait de faire une entrée triomphale dans la ville.

« Avec des larmes, il est reçu en Joie, car la joie qui reparaît est grainée et fleurie. Et chacun dit à l'autre : maintenant nous avons Jésus-Christ avec nous, et l'étoile du matin est l'astre qui pour nous resplendit. Car voici notre seigneur que nous croyions anéanti. Et ainsi Valeur et Paratge qui étaient ensevelis sont vivants, restaurés, assainis et guéris. Puisque le comte est entré dans Toulouse pour la relever, et pour les Français détruire, et pour Mérite élever. Partout les hommes ont retrouvé la parole et s'écrient : Toulouse ! Que Dieu la dirige et la garde, et lui donne Valeur, la secoure et la protège ! Et lui donne le pouvoir et la force de réparer ses pertes, de délivrer Paratge et de faire resplendir Joie ! »

Le chant du troubadour Guilhem, qui annonçait le rétablissement des valeurs occitanes et les traditions de l'ancien temps, tira des sanglots au vieux comte. Dans le cœur de chaque Toulousain l'émotion était à son comble.

18

Toulouse, 1218.

« Jamais je ne vis chevalier plus parfait pour sa droiture égale à sa puissance et pour la renommée dont il jouit, car il est doué de sagesse, de largesse et d'un cœur impérial ; il dirige Paratge et conduit Vaillance, afin de restaurer Droiture et supprimer Douleur ; il vient par amour secourir Toulouse et le comte. »

Guilhem, le troubadour provençal, célébra avec enthousiasme la vaillance de son ancien maître volant au secours de Raymond VI à la tête de cinq cents chevaliers. Il n'avait en effet pas manqué de « paratge », cette noblesse d'âme, synthèse des plus hautes valeurs de la civilisation occitane, pour rassembler sous sa bannière autant de guerriers périgourdins et quercynois.

Dès qu'il avait appris le retour du comte légitime, avant même que Montfort n'ait commencé son siège, Bernard avait revêtu ses plus beaux habits, ceint sa grande épée, enfourché son cheval noir et, quittant au galop sa retraite d'Aillac, s'en était allé frapper à l'huis de ses amis, de ses proches, voire de ses rivaux d'hier mais qui avaient, comme lui, la haine des Français. Comme lui, ils n'avaient plus rien à perdre, étant dépossédés, faidits, et il ne leur restait que la vie, le courage et l'honneur. Ils avaient tous répondu à son appel. Gaillard de Beynac, le premier d'entre eux, avait abandonné les plaisirs raffinés et le luxe de son château pour rallier Toulouse avec ses hommes bien entraînés. Puis avaient suivi Guiraud de Gourdon, Bernard Jourdain, seigneur de l'Isle et Aymeric de Castelnaud, le grand rival des Beynac, allié à lui pour cette juste cause. Sept mois durant, Bernard parcourut les chemins glacés du rude hiver périgourdin, puis du printemps pluvieux, mais ce fut une forêt de lances et d'oriflammes qui chevaucha derrière lui, pour entrer dans Toulouse sous les vivats de la population, au début du mois de juin 1218, surprenant les arrières des croisés et les culbutant. Les clameurs de la foule, les appels et cris de guerre, les sonneries des cors et des trompes leur firent escorte dans les rues de la cité. Le Périgourdin était bien accompagné, traînant dans sa suite Raymond de Vaux, expert dans l'art des machines de guerre, les Agenais Vézian, vicomte de Lomagne, et Hugues de Lamothe, les Quercynois Amalvin et Bertrand de Pestillac, et son voisin Amalvin de Fénelon. Jehan de Turenne lui-même s'était jeté aux pieds du cathare, implorant son pardon et demandant le droit de combattre à ses côtés. Son bras était faible, mais son armée nombreuse : Bernard serra son beau-frère contre sa vigoureuse poitrine, manquant de l'étouffer. Le chevalier de Cazenac se réjouissait d'autant plus de cette réconciliation que, dans un fourgon fermé, Alix, son épouse, accompagnait la troupe.

« Je veux en être ; ce sera le dernier combat.

— Ce n'est pas la place d'une femme.

— Je vaux bien des hommes et je l'ai prouvé.

— Je te croyais ralliée à la non-violence des Parfaites ?

— Après ma vengeance, je quitterai ce monde.

— Soit ! Augustin t'accompagnera et veillera sur toi.

— C'est plutôt moi qui le protégerai, le pauvre », ajouta Alix avec un pâle sourire, à la vue du petit homme qu'elle dépassait d'une bonne tête.

Les Périgourdins, avec armes et bagages, chevauchèrent jusqu'à Rocamadour où confluaient les troupes agenaises et les Quercynois d'Arnaud de Montégut, fidèle parmi les fidèles de Raymond VI. À la vue d'une si grande armée, et si enthousiaste, le seigneur de Castelnaud songea que son talisman allait rester encore longtemps scellé. La victoire était au bout du chemin. Qui aurait cru qu'au seul appel du comte, une telle nuée d'hommes aurait coiffé le heaume, revêtu la casaque, fourbi les boucliers et cuirassé les chevaux ?

Neuf mois avant l'arrivée de Bernard de Cazenac dans la ville rose, Raymond VI avait fait son entrée, acclamé par une foule en liesse. Les Français et leurs acolytes qui n'avaient pu fuir la cité avaient été promptement occis. Le comte occitan mit aussitôt le siège devant le château Narbonnais où s'étaient retranchés les croisés. Quatre semaines plus tard, Montfort était au pied des murailles et commençait le Grand Siège, bâtissant une véritable ville :

Toulouse Nouvelle, en prévision d'un long et douloureux affrontement. Un gigantesque assaut fut repoussé avec force pertes. Le faubourg Saint-Cyprien et le périlleux verger du champ Montaulieu furent le théâtre de combats sanglants. Les eaux rougies de la Garonne virent de véritables batailles navales au cours desquelles Montfort manqua se noyer. La possession des ponts sur le fleuve était l'objet de constantes escarmouches.

L'accueil réservé au Périgourdin fit un tel bruit qu'il jeta le trouble chez les croisés. Après en avoir entendu la rumeur, Simon de Montfort, qui combattait sous les murailles, passa l'eau pour rejoindre son campement et s'enquérir de l'objet d'un tel émoi.

« Seigneurs, vos pires ennemis sont en train de perdre le fleuve, la ville, le pont et leur vigueur. Sachez qu'à l'intérieur, j'ai entendu un vacarme si fort qu'ou bien ils veulent s'enfuir, ou bien un ami vient les secourir, déclara-t-il à ses vassaux.

— Sire comte, des renforts viennent d'arriver dans Toulouse. Avec Bernard de Cazenac à leur tête, ce sont cinq cents chevaliers qui défendent la ville et que vous aurez à combattre.

— Amis, c'est une folie qu'ils ont faite, car, à mon entrée dans la place, les traîtres en sortiront ou seront châtiés. Aussi longtemps que je vivrai, les faidits vagabonds ne me feront jamais peur, ni à moi, ni à l'Église. Les bourgeois de Toulouse, les gens des faubourgs et le peuple tout entier connaîtront la saveur de la haine. »

Trois jours plus tard, un second camouflet frappa la joue du sire de Montfort. Raymond VII, tout auréolé de sa victoire à Beaucaire, fit, en digne fils de son père, son entrée dans la ville rose.

« À mort, à mort, maudits Français ! La roue de la Fortune a tourné. Vive Dieu, il nous rend Raymondet, l'héritier de Toulouse, et le feu de nos cœurs brûle à nouveau tout droit », se déchaîna le poète.

Comme Raymond franchissait la porte fortifiée, sa bannière frappée de la croix occitane au poing, l'oriflamme au lion de Simon de Montfort, planté au sommet de la tour du Pont Neuf, se décrocha et vint s'engloutir dans le fleuve. Les Toulousains en délire y virent un signe du ciel : l'enfant pur allait clouer le lion en terre.

Exaspéré par l'arrivée de ses ennemis de toujours, de son rival sur lequel il n'avait pu poser la main, Montfort fit entreprendre une débauche de travaux et construire des machines de guerre en grand nombre. Les tours d'assaut, d'où tiraient les archers, les chattes qui abritaient les sapeurs, encerclaient les remparts et harcelaient nuit et jour les défenseurs. Les tirs des catapultes fendaient les pierres de taille, écornaient les créneaux ; parfois les boulets s'écrasaient sur les murs rugueux comme pommes pourries. La colère au cœur, Montfort fit sonner le clairon.

« Voici, seigneurs croisés, l'écharde empoisonnée qui enfièvre le corps du monde catholique. Le peuple de Toulouse est un tel ramassis de fauves enragés qu'il force à guerroyer toute la chrétienté. Nous allons en finir. »

Déployés dans les champs alentour, ses barons s'équipèrent bellement. Le soleil brillait sur les casques rutilants ; les cottes et les hauberts lançaient des reflets d'or. Les bannières de soie claquaient au vent d'Espagne.

Défiant l'orgueilleuse troupe, Bernard de Cazenac et le comte de Foix coururent sus à l'ennemi sur le pont de Muret, objet de leur convoitise.

« Montfort ! Hardi, Montfort !

— Vivat ! À nous, Toulouse ! »

Les cris de guerre fusaient parmi le fracas des armes. La charge fut d'une extrême brutalité ; les lances et les épées se brisèrent sur les écus ou dans les corps ; hommes et chevaux se mêlèrent sur le sol rouge de sang. Deux cents combattants perdirent la vie au premier choc. Les flèches effilées et les carreaux assassins tombaient comme pluie en novembre. Sous le choc de la mêlée, écus et hauberts fendus, armures cabossées, les gens de Montfort rompirent le combat, le dos rond sous les coups, couinant comme des chiens étrillés. Les gens de la cité bousculaient les croisés.

Deux regards de feu, de fauve, se croisèrent au-dessus des combats. Montfort et Cazenac s'aperçurent et progressèrent l'un vers l'autre dans la marée des corps, la haine chevillée à l'âme. À nouveau, ils semblaient deux géants dominant des nains, échangeant des coups violents de leur épée, qui faisaient voler des éclats de métal autour d'eux. Ils étaient seuls au plus fort de la mêlée, ignorant les autres combats, et personne n'osait les approcher.

« Tu vas mourir de ma main, maudit cathare.

— Blanche, tu vas être vengée ! »

Un mouvement de troupe les sépara, furieux. Pierre de Mensignac, un compagnon de Bernard, passa entre eux sur son cheval emballé, une lance brisée au travers du corps. Le sang rougissait l'herbe et les morts étaient plus nombreux que les vifs. Les écus, sous les coups, sonnaient haut ; hauberts et heaumes résonnaient, cris et ferraillements se mêlaient. Dans l'air saturé de souffrances montait, sinistre, un grand concert d'apocalypse. Les combattants trébuchaient sur les lances brisées, les boucliers sanglants. Des chevaux, affolés, divaguaient, selles vides ou traînant des cadavres, piétinaient les blessés, cherchant le ciel du mufle. Dieu lui-même dut, en ce jour noir, douter de Sa création. Les Français refluèrent, entraînant Montfort. Le combat était rompu, le duel, achevé.

« Nous nous retrouverons ! hurla le chevalier cathare.

— Avant deux jours », cria l'autre.

19

Après avoir initié la retraite, laissant bon nombre de ses hommes occis sur le terrain ou noyés dans la Garonne, Montfort comprit qu'il devait prendre son mal en patience. Sa rage était mauvaise conseillère. La science des sapeurs et des architectes ferait plus bel ouvrage que les plus nobles actes de courage. Devant son conseil de guerre, constitué de ses proches, son frère Guy, son fils Amaury, Alain de Roucy, son ami de toujours, et les fidèles Pierre de Voisins et Hugues de Lacy, il exposa son plan.

« Il nous faut à tout prix reprendre cette ville, ma ville, ma capitale, et en massacrer ce peuple félon. Que le Christ me la rende ou m'accorde la mort !

— Nous vous écoutons, messire comte.

— Bâtissons une chatte énorme, si puissante que depuis Salomon nul n'ait vu la pareille, un engin dont les flancs, les poutres, les chevrons, les portes, les issues soient, de la base jusqu'au sommet, joints de filins de fer et de tenons d'acier, une machine invulnérable aux rocs. Nous y mettrons dedans quatre cents chevaliers, les meilleurs d'entre nous, et cent cinquante archers armés de pied en cap. Puis nous la pousserons, tous arc-boutés contre elle, au fossé de la ville. Alors j'ordonnerai l'attaque générale. Nos masses fracassantes, nos épées au fil tranchant feront un tel carnage que mon lion brandi ruissellera de sang, et je me chaufferai aux cendres de Toulouse, ou je mourrai martyr comme saint en Passion. »

Tous approuvèrent d'un signe de tête ce discours ou sagesse et bravoure se mêlaient bellement.

« Il me faut conquérir Toulouse avant un mois, sinon je maudirai le jour qui m'a vu naître », ajouta le comte.

Les ouvriers travaillèrent d'arrache-pied. Nuit et jour, on entendait le bruit de leurs maillets et de leurs scies qui faisaient chanter le bois. En deux semaines, l'engin gigantesque fut achevé ; il se tenait, menaçant comme un dragon, face aux murailles provençales.

« Demain, aux premières lueurs, lorsque l'éclat du jour aura chassé les ténèbres, nous fendrons une brèche à l'abri de la chatte, dans le mur sarrazin. Nous forcerons la ville comme pucelle en pleurs et la livrerons à la rage du feu. Que pas un de ces chiens de Toulousains n'échappe à nos glaives. Battez-vous pour le saint nom du Christ. Mais n'oubliez pas : des trésors vous attendent dans les demeures bourgeoises et le soir vous verra riches. »

À l'appel retentissant des cors, clairons et trompettes, les Français, ahanant sous l'effort, poussèrent puissamment la chatte depuis leur position du château Narbonnais jusqu'aux murs ennemis. Catapultes, pierriers et trébuchets firent pleuvoir sur l'engin une grêle de rocs. L'un d'eux s'écrasa à grand bruit sur le haut échafaudage, brisant ses attaches sur tout un côté. Tel un monstrueux animal, doté de mille pattes, la chatte manœuvra, fit volte-face, présentant aux machines de guerre son angle le plus étroit, le mieux protégé. Un deuxième boulet fit voler en éclats poutres et tenons, ferrures et clous, et déchira un grand pan de cuir sur tout un bord. Des soldats tombèrent, fendus à mort ; d'autres lâchèrent les cordes et s'enfuirent. Montfort rassembla les couards de sa grande voix menaçante. « Tout homme quel qu'il soit, même le pire pécheur, est absout s'il succombe en défendant la Croix. » La chatte reprit sa marche vers les murs toulousains.

La population commençait à souffrir des ravages du siège. Elle payait le pain rassis au prix de l'ortolan et se nourrissait, fort mal, de fruits blets et de fèves sèches. Autour de Raymond VI, les conseils ne manquaient pas, et parfois se contredisaient. Les preux s'efforçaient de ranimer le courage des Provençaux dont certains parlaient de reddition.

« Montfort s'abuse lourdement s'il crie déjà victoire, s'écria le comte de Comminges. Il rassemble tous ses hommes en un même point, et c'est là sa faiblesse. »

Roger Bernard de Foix, le meilleur tacticien du camp toulousain, abonda dans son sens. « Qu'ils poussent leur machine encore plus près et nous ferons de leurs soldats un si grand carnage que leurs cerveaux sanglants nous ganteront les poings. »

Bernard de Cazenac approuva : « Ayez confiance en nous, sire. Laissez-les donc pousser leur engin jusque dans la lice. Ils croiront au succès, mais plus la chatte s'approchera, avec son château surmontant son chariot, plus elle se trouvera sous le feu de nos catapultes. Et nous la brûlerons avec sa portée d'hommes. Préparons-lui un piège en renforçant nos défenses.

— Cela est bien parlé », conclut Estout de Lias, expert en l'art des fortifications.

Toute la ville se mobilisa pour cette action. Les capitouls ouvrirent leurs coffres et distribuèrent or et vivres. Le petit peuple s'agitait avec pelles et pics, coins et marteaux, et, en peu de temps, éleva une muraille là où il n'y avait rien. On tendit les trébuchets. Chevaliers et bourgeois, dames et damoiseaux, fillettes et garçons, pucelles du bel âge, tous mêlés, entassèrent cailloux et munitions, en chantant des ballades du temps jadis, du temps des troubadours, des belles heures de Toulouse. Ils travaillaient sereins, sous les flèches et les traits des Français. Malgré les blessures et les morts, ils avaient tant de cœur et si franche fierté que nul ne s'épouvantait.

Les femmes se proposèrent au service des engins de guerre, pour laisser tous les hommes disponibles pour l'assaut. Les pierriers étaient machines légères qui pouvaient être manœuvrées par des bras féminins. Alix commandait l'un d'eux, avec quatre compagnes, sur le chemin de ronde, au plus près du champ d'honneur. Elle se concerta longuement avec Bernard.

« Ma dame, ma fidèle amie, sois prête à me soutenir. Aujourd'hui, si Dieu le veut, toi et moi, nous vengerons Blanche.

— Je ne suis pas femme à défaillir devant le danger, et tu connais ma vigueur.

— Tu vaux assurément plusieurs guerriers, ma mie. »

Il la serra longuement dans ses bras, retrouvant à l'instant celle qu'il avait tant aimée, la femme vigoureuse et passionnée qui l'avait séduit. Mais pour l'heure, c'était la guerre ; Bernard, beau et bon parleur, harangua l'armée occitane.

« Barons, habitants de Toulouse, voici vos adversaires ; ils ont tué vos fils, vos frères, vous ont infligé maints tourments, et m'ont arraché mon bien le plus précieux, ma fille Blanche. Massacrez-les sans pitié. Je connais le point faible des Français fanfarons : ils ont revêtu leurs corps de bonnes armures à mailles doubles, mais, en dessous, sur leurs jambes, ils n'ont que leurs chausses. Si vous frappez aux jarrets et leur assénez de nombreux coups, il restera un charnier quand la mêlée cessera. Fiers bûcherons des âmes, autour de vous s'entassera une moisson de morts. »

20

La bataille s'engagea ; l'ultime combat. Les gens de la cité, l'œil vif, le geste alerte, postèrent leurs trébuchets, chargèrent les rocs dans les frondes et lâchèrent les cordages. Les boulets traversèrent l'air léger, dans un sifflement d'animal furieux, et s'écrasèrent sur la chatte, la frappant au flanc. Le bombardement faisait rage ; les piliers de l'engin craquaient, les voûtes s'effondraient. Les poutres fracassées tombèrent sur les soldats et les broyèrent en nombre. La foule toulousaine s'embrassait en criant : « Dame chatte a vécu ! Vivat ! Les souris dansent. »

Les Français se crurent envoûtés par quelque mauvais sort. « Nous avons trop poussé notre machine, s'écria Hugues de Lacy. Il faudrait l'éloigner mais je crains fort qu'il ne soit trop tard et qu'elle ne soit perdue. »

Derrière la porte prête à s'ouvrir, parmi les bruits de fer et les piétinements fiévreux, Bernard encourageait une dernière fois ses frères d'armes.

« Messeigneurs, francs barons, les pièces sont en place sur l'échiquier ; il faut jouer le jeu jusqu'à l'échec et mat. Nous allons attaquer cette maudite machine et bientôt, autour d'elle, le sol sera tout boueux de sang frais. Voici venu le temps de l'ultime assaut. Plutôt périr dans la pleine gloire que vivre esclave. En avant, compagnons, boutons le feu à cette chatte. Hardi ! Libérons le bonheur. »

Les cris surgirent de puissantes poitrines : « Hardi Toulouse, Dieu nous aime ! Haut les cœurs ! Feu aux âmes ! À mort ! Pas de quartier ! »

Tous se jetèrent dans la mêlée ; le fracas fut terrible et, dans un fouillis d'épieux, d'armures et de chevaux, les coups plurent comme la grêle de mai. Tous frappèrent vaillamment, et tranchèrent, et trouèrent, et fendirent. Les épées, les lances s'entrechoquèrent et travaillèrent la chair. Peu à peu, les croisés perdaient du terrain, et le renfort des barons venus ranimer la tuerie n'y pouvait rien changer. Pieds, poings et bras, privés de corps, tombaient dans la poussière souillée de sang vermeil, rosie de lambeaux de cervelles pâles.

Simon de Montfort n'était pas encore paru ; en son absence, son frère Guy dirigeait le combat. Dans la chapelle du château Narbonnais, il écoutait pieusement une messe. Un écuyer vint interrompre l'office. « Messire comte, vous vous attardez trop. Votre piété vous perd, vous courez au désastre. Les gens de la cité massacrent vos barons. Toulouse vous échappe. »

Sous le choc de la nouvelle, Montfort pâlit. Puis se tournant vers l'autel, il poussa un long soupir, joignit les mains et s'écria : « Seigneur Jésus, accordez-moi de mourir aujourd'hui au combat ou de vaincre. »

Puis il courut s'armer de pied en cap, rassembla un millier de cavaliers et, déchirant les flancs de son cheval à grands coups d'éperons, galopa vers la bataille. Le vacarme insoutenable, les cris des blessés, les râles des mourants, les sonneries des cors, les bruits sourds des catapultes et les sifflements des frondes ébranlaient le sol, l'air et le fleuve. Dans l'atmosphère épaisse, Montfort traça un sillon et ranima le courage des siens. Nul ne pouvait dire de quel côté allait pencher la balance.

Du parapet gauche, un archer toulousain, la main sûre et l'œil clair, tira sur Guy de Montfort un trait adroit qui atteignit son cheval à la tête. Au moment même où son animal blessé virait sur ses antérieurs, un arbalétrier lui décocha un carreau qui lui troua le flanc gauche. Guy de Montfort s'abattit, ses vêtements rougis de sang, bientôt secouru par Simon qui, mettant pied à terre, s'en vint le soutenir.

« Hélas, mon frère, gémit Guy, Notre-Seigneur Jésus ne nous est plus secourable. Il protège aujourd'hui les routiers toulousains. »

Bernard de Cazenac, qui combattait autour de la chatte, vit Montfort démonté, vulnérable. Sachant l'instant propice, il se précipita.

« À moi Montfort, maudit bâtard d'Anglais ! Je vais t'envoyer en enfer. »

Simon se redressa, ramassa son épée et fit face au Périgourdin belliqueux.

« L'heure est venue. Tu vas mourir, cathare. »

Pour la troisième fois, ils se retrouvaient face à face, grands comme des dieux, féroces comme des bêtes, le feu dans les veines. Ce fut à nouveau une pluie de coups, un fracas d'orage. Ils s'affrontaient, aussi forts l'un que l'autre, sans qu'aucun des deux ne puisse prendre le dessus. Mais soudain, sans prévenir, Bernard rompit et recula vers ses lignes.

« La peur te prend. Tu es perdu. » Montfort avança, sûr de lui, l'épée basse, un peu désemparé de voir une aussi piètre résistance. L'autre refusait le combat, évitait les assauts sans répliquer aux coups, cherchant juste à se protéger. Le Français avait pris l'ascendant ; c'était l'hallali. Peu à peu, en reculant, Bernard avait entraîné son adversaire au pied des murailles de la ville. Sur le chemin de ronde, à l'abri des créneaux, Alix manœuvrait le pierrier. Encore un peu, encore un pas. Montfort avançait, il signait là sa perte. La corde se détendit, la pierre s'envola, bien haut dans la chaleur de l'air, et s'abattit tout droit sur le heaume d'acier de Simon de Montfort. Son front en fut crevé, sa mâchoire brisée, la cervelle et les yeux lui jaillirent de la tête. Tout ensanglanté, le comte tomba à terre. Il était mort.

À la vue du cadavre immobile et meurtri, couché sur le pré, le peuple de Toulouse hurla sa joie. « Vivat ! Simon de Montfort n'est plus. Cet assassin, ce brigand qui nous fit tant de mal est mort sans sacrement. »

Les églises s'emplirent pour des *Te Deum*, rassemblant les Occitans de toutes croyances et, sur le pavé, on dansait en riant au son des tambours et des timbales. Ce 25 juin 1218 fut un jour de liesse.

Dans le camp croisé, à la stupéfaction succéda l'effroi. Tandis que ses compagnons recouvraient doucement d'un drap bleu le corps de leur seigneur, l'armée cessa le combat et se débanda comme volée de cailles, l'épouvante aux entrailles, sous les coups redoublés des Toulousains. Le blasphème leur vint aux lèvres.

« Dieu, quelle injustice, quel effroyable crime as-Tu là perpétré ? Est-ce ainsi que Tu payes le meilleur serviteur de Ta gloire ici-bas, en l'écrasant sous un roc ? Avons-nous été assez fous de croire en Ta bonté ? À quoi bon Te servir ! »

Un mois plus tard, l'armée croisée, sous les ordres d'Amaury de Montfort, héritier de son père, brûlait son camp de Toulouse Nouvelle et levait le siège pour s'en retourner dans ses foyers.

DEUXIÈME PARTIE

21

Castelsarrasin, 1228.

Des années passèrent, lentes et brûlantes, au cours desquelles la déception succéda à la joie, dans les cœurs toulousains, comme dans celui de Bernard de Cazenac. Ses amis périgourdins et quercynois, Gaillard de Beynac et Jehan de Turenne en tête, avaient regagné leurs provinces. Dans la grande salle seigneuriale du palais que lui avait offert le comte de Toulouse, le seigneur cathare était triste, d'une profonde mélancolie malgré le beau soleil du Midi qui illuminait et chauffait la pièce aux larges ouvertures. Triste et seul.

Après la mort de Simon de Montfort, le parti occitan avait cru à la victoire et au retour des beaux jours. Devant la fenêtre, l'oiseau s'était mis à chanter. Les Français s'étaient enfuis ; la croisade avait échoué. Terrifiés, les évêques les plus compromis avaient gagné le nord du royaume, ou s'étaient enfermés dans leurs cathédrales. Le catharisme était réapparu en pleine lumière, sous la protection du comte de Toulouse. Les troubadours avaient repris leur luth et leur plume, et le beau chant résonnait à nouveau dans des châteaux rendus à leurs légitimes propriétaires. Le trépas de Montfort avait provoqué, dans tout le sud du comté, comme un émerveillement de printemps renaissant. Tout semblait refleurir en nouvelle lumière. Comminges et Foix, Quercy, Agenais et Périgord, Albigeois et Lauragais, toutes les provinces occitanes, autrefois opposées et rivales, se sentaient unies et prêtes à défendre une culture commune qui avait bien failli disparaître. Mais la paix fut de courte durée.

Raymond VI trépassé lui aussi, les fils poursuivirent la guerre des pères. Amaury de Montfort et Raymond VII revendiquaient tous deux le titre de comte de Toulouse. Bernard reprit les armes, et combattit comme un lion. Et les horreurs réapparurent, comme surgies des cimetières débordant des morts des anciennes querelles. Ses voisins de Marmande, livrés aux soudards aux ordres des Français, furent tous passés au fil de l'épée. Chevaliers, dames, petits enfants, hommes et femmes de toutes conditions furent dépouillés de leurs vêtements et coupés en morceaux. Les membres et pièces de chair jonchaient le sol comme s'ils étaient tombés en pluie. Enfin la ville fut brûlée. Le Périgourdin n'avait rien pu faire pour éviter ce massacre imprévu. Une nouvelle fois, il s'était porté au secours de Toulouse et avait desserré l'étau qui la menaçait. Il s'était ensuite illustré dans la conquête de

Castelsarrasin, une des trois places qui commandaient l'accès septentrional de la ville rose, et en avait chassé Humbert de Beaujeu, sénéchal de France, cousin du roi Louis VIII.

« Voici une place fort belle, riche et bien défendue. Elle est à toi, seigneur de Cazenac, si tu veux bien délaisser pour l'heure tes forteresses du Périgord, lui proposa Raymond VII.

— C'est un honneur bien grand, que j'accepte pour le plaisir de vous servir, messire comte. »

La ville était sûre, et le catharisme s'y révélait majoritaire. Mais la joie ne brillait plus dans le regard du Périgourdin. Nulle flamme, hormis sa science de la guerre, ne semblait plus l'animer. Il était las des combats incessants, son corps réclamait la paix et le repos. Et surtout, depuis la mort de Montfort, il était seul.

Devant le corps de son ennemi, sous les murs de Toulouse, dix ans plus tôt, Bernard avait vu l'inquiétude succéder à la fierté. Il avait tourné son regard vers la ville, en direction du trébuchet fatal. Debout sur les remparts, se détachant sur le bleu du ciel d'été, la silhouette d'Alix dominait la bataille comme Athéna sur les murailles de Troie. Alix, son épouse aimée et victorieuse. Sa grande et belle dame paraissait hautaine et gigantesque, comme si elle présidait à la destinée des humains. Sa robe noire et ses longs cheveux de nuit dont le chignon s'était défait dans l'ardeur de l'action claquaient au vent violent qui s'était levé depuis les Pyrénées. Le vent l'emportait ; il la sentait partir.

Quelques jours plus tard, le palais de leur hôte les vit se retrouver pour une ultime fois. La liesse générale leur était pesante.

« Ma mie, mon âme, Blanche, notre fille, est vengée. Son esprit est libéré, et, peut-être, Notre-Seigneur Jésus a-t-il eu pitié de son innocence, et l'a-t-il accueillie dans son plérôme ?

— Tu sais bien que cela est impossible. Seule une Parfaite peut échapper au cycle des réincarnations. Elle devra revenir dans cet enfer terrestre.

— Peut-être y trouvera-t-elle, à présent, quelque paix !

— Les Français reviendront ; ils sont plus nombreux que des puces sur un chien. Notre cause est perdue.

— Rien n'est fait, je n'ai pas encore eu à utiliser mon talisman. Nous pourrions attendre ensemble la nouvelle enveloppe corporelle de notre fille, et l'aider à se libérer.

— Ton idée est séduisante, mais erronée. Il n'est pas permis aux hommes de connaître leurs vies antérieures, ni le sort que leur réserve la métempsychose. La chair est péché. Satan n'a-t-il pas pris la forme d'une femme pour apparaître aux hommes, et celle d'un homme pour séduire les femmes et les entraîner tous dans l'enfer de la création ? J'ai tenu ma promesse, j'ai vengé ma fille. Maintenant, je dois expier mes fautes et devenir Parfaite, pour l'amour de Dieu. Ne me retiens pas !

— Et nous ? Qu'adviendra-t-il de nous, ma mie ?

— Hommes et femmes doivent se séparer sur le chemin de la perfection, tu le sais bien. Nous allons à présent suivre des destins différents. Que Dieu te garde !

— Ne regrettes-tu pas nos amours, la douceur de nos étreintes, la Joie qui donnait jouissance à nos corps physiques comme à nos âmes ? As-tu oublié ? »

Alix se blottit dans les bras de son époux, comme au temps de leurs jeunes amours. Comme son corps lui paraissait solide et protecteur ! Elle aimait l'odeur de sa peau et sa douceur si bien cachée sous la cuirasse du guerrier. Elle voulait s'en revêtir. L'aimer, l'aimer une dernière fois. Ils quittèrent leurs vêtements avec mélancolie, puis l'excitation gagna leurs chairs. Il la caressa longuement, explorant son intimité, puis la prit avec douceur, dans un ample mouvement de tout son être, plongeant son regard dans le noir infini de ses yeux. Elle gémit, cria de plaisir ; puis un long soupir les réunit.

« Ne crains-tu pas d'avoir enfreint la règle ? lui dit-il.

— Je ne suis pas encore entrée dans les ordres cathares.

— Fais-moi porter de tes nouvelles.

— Je m'y efforcerai, si Dieu le veut. Comment pourrais-je t'oublier ! »

Le lendemain, elle était partie.

Malgré la douleur que lui causait cette absence, Bernard n'avait rien tenté pour priver Alix de la destinée qu'elle avait librement choisie. L'appel de Dieu ne se discutait pas. C'était un rival impitoyable et jaloux qui ne rendait jamais celles qui s'étaient données à Lui. Il se plongea dans la guerre, avec ardeur, mais sans joie. Puis, lorsque la trêve lui permit de déposer les armes, il se consacra à la bonne gouvernance de la cité de Castelsarrasin, s'efforçant d'y faire régner un ordre juste. Hugues de Vassal, quand il ne parcourait pas les routes du Quercy et du Périgord pour y rétablir la foi cathare, et le moine Augustin, son ami, sa caution auprès des autorités papales, furent ses conseillers tout au long des années où il conserva son fief. Albigeois et catholiques n'eurent pas à se plaindre de ce seigneur avisé qui régnait par la sagesse. Il avait repris à son compte la prière du roi Salomon. « Accorde à ton serviteur un cœur intelligent pour juger ton peuple, pour discerner le Bien du Mal. » Son appel avait été entendu, transformant le soldat redoutable en un administrateur estimé. Bernard se surprit lui-même dans ce rôle, lui qui avait tant aimé la guerre. La solitude qui le rongeait lui avait appris la patience.

22

Alix souhaitait fortifier son engagement en vivant désormais auprès de « celle qui éclairait le monde », Esclarmonde, sœur du comte de Foix, considérée par toutes, sans qu'elle eût revendiqué cet honneur, comme l'archidiaconesse, le guide suprême des femmes cathares.

Il est vrai que l'ordination d'Esclarmonde, en 1204, au temps où le catharisme vivait encore dans la paix, n'avait pas été discrète. Toute la fine fleur de la noblesse ariégeoise y avait assisté, y compris son frère, le seul de la famille à conserver la religion catholique, pour des raisons strictement juridiques. L'évêque Guilhabert de Castres lui avait donné le consolament, dans la bonne ville de Fanjeaux, là même où Dominique de Guzman avait établi son quartier général et fondé l'ordre des dominicains, qui vivaient dans la pauvreté, à l'instar des Parfaits. En même temps qu'elle, trois personnes de haute naissance, Aude, Fays de Durfort et Raymonde de Saint-Germain prirent la vêture devant une soixantaine de nobles dames et de grands seigneurs. Trois ans plus tard, à Pamiers, elle osait défier Dominique de Guzman lui-même en un débat contradictoire resté célèbre, au cours duquel elle fit perdre patience au saint homme. Aussi belle qu'intelligente et cultivée, cette femme brune devint un modèle pour toutes celles qui voulaient se défaire du joug d'un époux, d'un père ou d'un prêtre. À travers elle, la religion cathare gagna les esprits féminins. Dans son lointain Périgord, Alix avait entendu parler d'Esclarmonde et souhaitait progresser, sous sa houlette, vers la perfection.

Pressentant le destin tragique qui menaçait son pays et sa foi, Esclarmonde avait insisté pour que fût érigé, loin des hommes, dans la haute montagne, un château saint qui ne serait pas soumis à la versatilité des humains, mais au seul vouloir de l'Église cathare. En 1206, le seigneur Raymond de Pereille, dont la mère et la fille étaient Parfaites, entreprit de bâtir la citadelle de Montségur. Esclarmonde s'y retira en 1212, à l'abri du fracas des armes, et nombreuses furent les femmes qui la rejoignirent.

Profitant de la paix revenue avec la mort de Montfort, Alix quitta Toulouse sous la protection du comte de Foix et gagna les Pyrénées. Elle progressait à pied, lentement, par modestes étapes, heureuse de l'accueil qu'elle rencontrait dans les villages. C'était à qui l'inviterait à sa table, l'hébergerait sous son toit. Elle n'était encore qu'une postulante, et on la recevait comme une sainte femme. Quitter Bernard avait été, pour elle, un soulagement. Elle craignait de ne pas en avoir le courage, tant son attachement terrestre était encore fort. Elle savait toutefois que rien ne pouvait résister à l'appel de Dieu. Les épreuves subies, le deuil impossible de sa fille, le chaos où plongeait le monde : tout était signe. Les temps étaient proches où la route du salut serait barrée. Elle ne devait pas s'attarder sur les sentiers fleuris du bien vivre, mais se hâter de gravir les pentes abruptes de la montagne, de crainte que la Mort ne la surprenne avant qu'elle n'ait approché du sommet.

Elle traversa le pays vert en chantant et priant à la fois. La saison était belle, opportune au pèlerin, et rien n'arrêta son pas. Elle savait qu'il lui fallait arriver avant les premières neiges qui isolaient les Parfaits, les protégeant de leur manteau de froidure. Aujourd'hui, c'était l'été, le soleil chauffait la pierre, et elle peinait à imaginer le gel et l'humidité de la morne saison.

Elle aurait aimé faire halte quelque temps chez ces paysans à la foi naïve qui lui demandaient conseils, chez ces petits seigneurs des montagnes, flattés de recevoir la grande Alix de Turenne, autrefois chantée par les troubadours, à présent humble croyante parmi les autres. Mais rien ne devait retarder sa marche ; elle n'avait qu'un but : rencontrer Esclarmonde.

Après Lavelanet, le chemin se fit plus rude, la pente plus sévère. L'été desséchait les torrents, faisait brûler les cailloux. Soudain, au sommet d'un col, elle vit le « pog », la montagne sacrée. Elle resta un moment, droite, les cheveux au vent, laissant errer son regard sur les Pyrénées bleues. Elle chercha des yeux le château, peinant à identifier la capitale des cathares dans ce modeste fortin. Cela n'avait rien à voir avec les lourdes forteresses du Périgord. Quatre murs de pierre sur un éperon rocheux.

« C'est mieux ainsi, murmura-t-elle. Tout ce qui est bâti de main d'homme est maudit. Ce pic abrupt est certes fait de matière, mais il ne veut pas de mal aux vivants. La nature est moins cruelle que l'être humain, et l'animal, dans sa stupidité, ne fait pas le mal pour le mal. Ce lieu enchanteur sera une chapelle admirable pour mon consolament. »

Des valets vinrent l'accueillir au pied du « pog » et la conduisirent par le chemin le plus sûr à l'entrée de Montségur. Esclarmonde de Foix en personne s'avança pour la recevoir, à la fois altière et modeste. Elles échangèrent un baiser de bienvenue, tandis que leur entourage s'étonnait de leur ressemblance.

L'enseignement d'Hugues de Vassal et les épreuves subies tout au long de son existence avaient bien préparé Alix à entrer dans l'ordre cathare. Il ne lui fallut qu'une année pour obtenir son consolament. Ce furent douze mois au cours desquels elle mortifia son corps par le jeûne, trois fois la semaine plus les trois Carêmes de Noël, Pâques et Pentecôte, un an d'abstinence totale, à fuir la présence des hommes. Une année entière pour apprendre à maîtriser son caractère emporté, atteindre l'absolue non-violence, exercer son intelligence pour pratiquer la vraie justice, éprouver son courage en disant toujours la vérité.

On l'envoyait parfois dans la vallée, acheter quelques fournitures pour les tisseuses. Elle devait côtoyer le monde, le Mal, et les agents de l'évêque qui cherchaient les Parfaits pour les jeter en prison ou sur un bûcher.

« N'es-tu pas une hérétique ? lui demanda un jour un sergent dans une auberge.

— Comment le serais-je ?
— Tu en as l'habit sombre et la triste mine.
— Je suis en deuil de ma fille disparue.
— Alors, excuse-moi. »

Sa commère la surveillait, inquiète, guettant le mensonge qui pouvait jaillir de sa bouche, ou la peur qui pouvait la saisir. Elle n'avait pas failli.

« Tu es prête, à présent. Ce sera pour le deuxième dimanche du prochain mois », lui annonça Esclarmonde.

Il fallait attendre le passage à Montségur de Guilhabert de Castres, l'évêque cathare qui évangélisait la région au risque de sa vie. On le signalait à Mirepoix ou Castelnaudary, mais à peine les sergents se précipitaient-ils pour l'arrêter qu'il avait disparu. « Sorcellerie », maugréaient les soldats.

Il était la plus grande figure du catharisme et le parrain d'Esclarmonde. Elle ne voulait pas que son amie fût reçue par un autre que lui. Deux ou trois fois l'an, il venait visiter les citadelles du vertige, prêchant dans les communautés de Dun et de Lordat, s'abritant aux châteaux de Quéribus, ou Peyrepertuse. Mais c'est à Montségur qu'il était véritablement chez lui. Quand il se présenta au portail, les deux femmes s'agenouillèrent pour l'honorer.

Devant toute la communauté de Montségur, Alix entendit patiemment les sept oraisons dominicales qui devaient favoriser l'écoute de Dieu à sa demande. Elle se confessa publiquement, longuement, évoquant avec regrets sa vie de plaisir et de violence. Puis elle reçut de Guilhabert l'absolution. Ce fut au tour de la communauté des croyants de demander à l'évêque le pardon de leurs fautes. Il prononça les paroles rituelles.

« Que le Père saint, juste, véridique et miséricordieux, qui a pouvoir dans le ciel et sur la terre de remettre les péchés, vous remette et vous pardonne toutes vos fautes en ce monde et vous fasse miséricorde dans le monde futur. »

Un vent violent soufflait en tourbillons, couvrant parfois les paroles du maître, chassant dans les cieux des nuages menaçants, sombres présages au destin de l'Occitanie. L'évêque plaça devant lui une table ronde, couverte d'une nappe blanche, sur laquelle il disposa l'Évangile de Jean. Alix, à genoux, se prosterna trois fois avant d'accueillir le livre.

« Ma sœur Alix, as-tu la ferme intention de recevoir le baptême en esprit ? Es-tu prête à pratiquer toutes les vertus par lesquelles on devient un Bon Chrétien ? »

Elle répondit par l'affirmative.

« Dame Alix, tu dois bien avoir dans l'esprit qu'en ce moment tu te tiens pour la seconde fois devant Dieu, devant le Christ et le Saint-Esprit, puisque tu es en présence de l'Église de Dieu. Tu dois bien comprendre que tu es ici pour recevoir le pardon de tes péchés, grâce aux prières des Bons Chrétiens et par l'imposition des mains. »

Il lui lut ensuite, longuement, des textes édifiants, tirés du rituel. Elle sentait comme un espace se libérer en elle, comme si elle se vidait de ses fautes.

« Par ces témoignages et beaucoup d'autres, il convient que tu observes les commandements de Dieu et que tu haïsses ce monde. Si tu agis ainsi jusqu'à la fin, nous avons l'espérance que ton âme aura la vie éternelle ».

Esclarmonde s'agenouilla à son tour devant l'évêque et, en tant que marraine d'Alix, prit la parole et s'adressa à l'assemblée.

« Bons Chrétiens, nous vous prions, pour l'amour de Dieu, d'accorder à notre amie ce présent que Dieu vous a donné.

— Pour tous les péchés que j'ai pu faire ou dire ou penser ou opérer, je demande pardon à Dieu, à l'Église et à vous tous. »

D'une même voix l'assemblée répondit : « Par Dieu, et par nous tous et par l'Église, qu'ils te soient pardonnés. Nous prions Dieu qu'Il te pardonne. »

Le flot des voix, enflé par le vent, semblait porter Alix droit vers le ciel. Au nom de sa filleule, Esclarmonde s'engagea au respect de la parole et au sincère repentir.

« Que le Seigneur te pardonne et te conduise à bonne fin, conclut l'évêque.

— Amen ! Qu'il en soit fait, Seigneur, selon Ta parole. »

Alix à présent purifiée fut revêtue d'une robe blanche. Sa beauté rayonnait ; elle se rêvait enfant, avant que les désirs d'orgueil et de chair ne viennent la souiller.

« Tu vas maintenant recevoir le Saint-Esprit qui fera de toi une Bonne Chrétienne. »

Elle s'agenouilla devant la table. Guilhabert lui posa sur la tête l'Évangile de Jean et tous les membres de la communauté lui imposèrent la main droite.

« Père saint, accueille ta servante dans Ta justice et mets Ta grâce et Ton Esprit saint sur elle. »

Alix sentit une onde la parcourir tout entière, de la pointe des pieds jusqu'au sommet du crâne, tout le long de sa colonne vertébrale, si proche du plaisir d'amour qu'elle dut se faire violence pour chasser cette jouissance impie. Elle était autre. Alix de Turenne n'était plus, seule existait Alix la Parfaite, absolument pure. Elle entendit l'évêque réciter six pater, puis le prologue de l'Évangile de Jean.

« Au commencement était le Verbe... Et le Verbe était Dieu... Tout ce qui a été fait l'a été par Lui, et sans Lui a été fait le néant... En Lui est la vie, et la vie est la lumière des hommes. La lumière luit dans les ténèbres, mais les ténèbres ne l'ont point reçue. »

Elle fit trois révérences, prononça trois « Benedicite » puis : « Que le Seigneur Dieu vous donne bonne récompense de ce bien que vous m'avez fait pour l'amour de Dieu. »

23

Alix reprit le métier à tisser et la quenouille qu'elle avait pratiqués dans la communauté d'Aillac. Elle y était expérimentée et l'outil laissait libre cours à sa pensée. Elle maniait avec délice les bobines de fil aux couleurs naturelles, blanches et noires, parfois d'un brun roux, et le contact avec cette douce matière occupait son corps et laissait son âme en paix. L'atelier de Montségur était perfectionné et riche en doigts habiles. On y confectionnait des draps et des habits pour hommes et femmes, des chemises et des dentelles que l'on vendait dans les villes de la plaine. Les femmes du plat pays, simples croyantes, ravitaillaient le château en matière première. La manufacture était aussi un lieu de conversations pieuses et savantes où l'on débattait de philosophie, théologie et science biblique. Les mains adroites faisaient les âmes fortes. L'atelier des hommes fabriquait des métiers à tisser. On réalisait ainsi à Montségur l'idéal cathare. Dans cette petite société, chacun vivait de son travail, chacun priait en travaillant et faisait son salut.

Alix comprit vite qu'à l'activité de tisserand s'ajoutait celle de prosélyte. Désormais apte à porter la bonne parole, elle fut choisie par Esclarmonde pour compagne de route ; elle devint sa « socia », sa jumelle. Elles partaient toutes deux, humblement vêtues, sur les chemins poudreux des Pyrénées. Au gré des marchés et des foires, elles étaient reçues dans des communautés de femmes ou chez de fidèles croyantes, et y prêchaient la sainte religion. Alix était toujours gênée que l'on s'agenouille devant la Parfaite qu'elle était devenue. Elle savait pourtant qu'à travers elle, c'était Dieu que l'on honorait. Elle imposait les mains, récitait des contes édifiants qui émerveillaient les enfants autant que les adultes, parlait de réincarnations, de salut, de la beauté de celle qui a franchi le pas. Elle devait veiller à n'avoir aucun contact physique avec un homme, si ce n'était par l'intermédiaire du livre saint. Elle posait un regard plein de bonté sur ces pauvres gens, au sombre quotidien, qui espéraient d'elle un peu de lumière. La vue d'une femme enceinte la faisait tressaillir. « Non pas une nouvelle âme enchaînée, pensait-elle, mais un futur saint pour sauver le monde des hommes. »

Esclarmonde, plus ancienne et plus éclairée, prenait le plus souvent la parole devant la communauté. Elle lançait souvent de vigoureuses attaques contre le clergé catholique.

« Le pape, les cardinaux, les évêques et les prêtres n'ont pas le pouvoir de remettre les péchés, car ils sont impurs et inspirés par le mauvais esprit, ne tenant ni ne suivant la parole de Dieu, mais adorant les idoles, faux prophètes prêchant de mauvais fruits : la vanité et le mensonge, cupides, avares, fornicateurs, adorateurs du Maudit, blasphémateurs de Dieu, adultères, gloutons, envieux et ouvriers de mauvaises œuvres. Prenez garde aux mauvais prophètes qui viennent à vous sous l'habit du mouton ; à l'intérieur, ce sont des loups rapaces, a dit saint Matthieu. L'impur ne peut purifier ce qui est pur, mais les Parfaits le peuvent. »

Les villageoises étaient étonnées devant la science virulente des deux femmes. Alix et Esclarmonde n'avaient pas besoin d'enquêtes approfondies pour connaître la dégradation du clergé catholique occitan qui s'était attiré les foudres du pape lui-même. « Tel maître, tel valet », avait-il déclaré, accusant ainsi ses propres disciples de faire le jeu du catharisme.

La police de l'évêque, puis les dominicains de la toute nouvelle Inquisition, se lancèrent sur les traces des deux femmes qui semblaient douées du pouvoir de se rendre invisibles, apparaissant toujours là où on ne les attendait pas, prenant grand soin d'éviter les embuscades. « Sorcellerie ! Magie ! » s'exclama le prélat. Leurs têtes furent mises à prix.

Un jour qu'elles avaient demandé l'hospitalité dans une modeste auberge de Châteauverdun, la matrone leur demanda de les aider à préparer le repas.

« S'il vous plaît, mesdames, pourriez-vous égorger ces deux poulets, puis les plumer et les vider, afin que je les fasse cuire pour votre dîner ? »

Esclarmonde et Alix se regardèrent, décontenancées. « Nous n'avons pas très faim. Une soupe de légumes et puis un bon lit feront mieux notre affaire. »

« C'est-y que vous n'aimez pas la viande ?

— Si fait, répondit Alix. Dans mon Périgord natal, je faisais force banquets de canards et d'oies bien grasses.

— Vous n'êtes pas d'ici, alors ? Que venez-vous faire ? »

Les questions devenaient plus précises, plus dangereuses. Les Parfaites louvoyèrent en tentant de protéger leur anonymat.

« Curiosité est bien grand péché, madame, jeta Alix.

— Occupez-vous des poulets, je vais acheter quelques légumes au marché du village, puisque vous n'aimez que ça. »

Prenant sa cape, la femme s'éloigna vers la place centrale à pas précipités.

« Vite, partons ! Elle va chercher les sergents du roi. Passons par-derrière, le chemin nous est condamné. »

Elles s'enfuirent à travers prés, courant à perdre haleine, les pieds nus pour aller plus vite, se meurtrissant aux pierres. En se retournant, Alix aperçut le curé, accompagné de deux hommes d'armes, qui pénétrait dans l'auberge.

Alix écrivait régulièrement à Bernard des lettres pleines de sagesse et d'appel à la paix, qu'elle confiait à quelques colporteurs amis de la cause. Il répondait par le même chemin, exprimant le regret de son départ, la souffrance de la solitude. Il se sentait séparé d'elle par quelque chose de plus grand que la distance et le temps. Le consolament avait fait d'elle une sainte, intouchable pour la main d'un homme. Cette rupture le blessait dans sa dignité d'époux, tout autant qu'elle réjouissait le croyant qu'il était.

Puis le courrier se fit plus rare. Les guerres avaient repris, coupant les chemins, perturbant les communications. Entre 1219 et 1224, Amaury de Montfort poursuivit la croisade de son père, sans succès. Il se retira au profit du souverain français. Le roi Louis VIII prit l'affaire en main, faisant excommunier Raymond VII de Toulouse et rassemblant la chevalerie française pour venir dévaster les terres déjà exsangues du Sud. Comme il était partout chez lui, aucune ville ne pouvait se soustraire à son autorité. Estimant avoir légitimement reçu d'Amaury de Montfort le comté de Toulouse, il venait reprendre « ses » terres. L'effondrement occitan fut général. La mort subite du roi n'y changea rien, il fut aussitôt remplacé par son épouse Blanche de Castille. Après des années de guerres impitoyables, le pays eut à subir le choc épouvantable du traité de Meaux.

24

Castelsarrasin, 1229.

« Trahisons ! Que Dieu le maudisse ! »

Bernard ne contenait plus sa rage contre Raymond VII qui venait de vendre l'Occitanie, sa liberté et sa culture, en échange de la paix. Hugues de Vassal et le moine Augustin, qui servaient un même Dieu par des voies différentes, s'efforçaient de calmer la colère de leur seigneur.

« Il n'était pas de taille à l'empêcher, messire chevalier, s'écria l'Italien. La reine Blanche l'a proprement ensorcelé.

— Comme toutes les femmes, c'est une habile marieuse, ajouta le Parfait. Elle a convaincu notre comte de donner Jeanne, sa fille unique, à son fils second Alphonse de Poitiers, frère du futur roi Louis IX.

— Et le comté de Toulouse, déposé en dot, disparaîtra, avalé par le royaume de France, se lamenta Bernard.

Comment a t-il pu accepter cela, alors qu'il était militairement vainqueur ! Ce traité de Meaux est une infamie.

— Le pays n'en peut plus ; il a trop souffert de vingt années de guerre. Les hommes sont las et aspirent à la paix, à n'importe quel prix.

— Tout noble perd ce qu'il ne veut plus défendre ! Mais notre comte s'est engagé à se soumettre entièrement aux décisions de la reine et de l'Église. Il doit désormais combattre le catharisme sur ses terres !

— Il veut gagner du temps, comme l'a fait son père, feu le comte Raymond VI.

— Il a accepté de démanteler les défenses de Toulouse, et de trente places fortes, dont Castelsarrasin. Il doit livrer aux Français tous ses châteaux et payer d'énormes dommages et intérêts à la Couronne. Il est rançonné plus durement que s'il avait été fait prisonnier sur un champ de bataille. Cette démesure est déshonnête et déloyale. Notre beau comté ne s'en relèvera pas.

— Mais il a obtenu que l'on rende leurs biens aux faidits, plaida Augustin. Le traité stipule que “tous les indigènes qui ont été chassés de ce pays à cause de l'Église, du seigneur roi, de son père, des comtes de Montfort et de leurs partisans, ou qui sont partis de leur propre volonté, retrouveront intégralement, si l'Église ne les a pas condamnés comme hérétiques, leur situation antérieure et tous leurs biens”. Cela annule les méfaits de la croisade. Vous pourrez retrouver vos châteaux du Périgord, messire chevalier.

— Il faudrait pour cela que je renie ma foi, que je fasse soumission à l'Église. Jamais, tu entends, Augustin !

Je n'accepterai jamais une telle humiliation. Dieu ne peut tolérer pareille extravagance.

— Notre comte a plus d'humilité que vous. Il a admis d'éventuelles peines de prison, et l'obligation de se croiser en Terre sainte. Son épouse et lui seront chassés de Toulouse. Il a même ….. »

Sa voix s'arrêta, marquant sa désapprobation.

« Je sais ce que tu vas dire. Il a supporté d'être fouetté de verges sur le parvis de Notre-Dame, en chemise et pieds nus. Quelle pitié de voir un homme tel que lui réduit à un si dérisoire appareil !

— Je ne pensais pas que Sa Majesté la reine oserait faire subir un tel sort à l'un des plus grands vassaux du royaume. Elle doit avoir un cœur de pierre ! Il a souffert l'épreuve comme le Christ à Jérusalem.

— Mais Notre-Seigneur Jésus n'avait pas de corps réel et Sa souffrance était celle d'un Dieu, tempêta Bernard, tandis qu'Augustin s'offusquait du blasphème.

— La douleur du Christ est Sa grandeur, et fait celle de l'homme.

— Qu'allez-vous faire, messire ? demanda doucement Hugues de Vassal.

— Fuir, et me battre jusqu'au bout. Je suis un soldat, mon devoir l'exige.

— Moi, je vais prêcher et porter la bonne parole, tant qu'il me restera des forces. Jusqu'au bûcher, s'il le faut.

— Vous êtes fous tous les deux, s'exclama Augustin. Votre religion aime trop la mort. Moi je vais à Toulouse me jeter aux pieds de l'évêque, pour qu'il intervienne en votre faveur, messire Bernard. »

Deux mornes semaines s'écoulèrent sans aucunes nouvelles du franciscain. Bernard envoya un chevaucheur qui revint atterré. « Augustin a été arrêté par l'Inquisition. On l'a enfermé dans un cachot et son procès est instruit à grand train. »

En butte à la haine des dominicains, les franciscains se voyaient accusés de déviance doctrinale. Les frères mineurs, parce que les plus pauvres de tous, devaient renoncer à dénoncer la richesse de l'Église, sous peine du châtiment suprême. Leur position était fragilisée par la mort de leur fondateur, le pauvre d'Assise, trois ans plus tôt. L'Église ne savait encore si elle devait en faire un saint ou un renégat, et voulait auparavant faire le ménage dans ses idées. L'Inquisition englobait dans sa lutte contre le catharisme tous ceux qui faisaient abus de pauvreté. On accusa Augustin d'être membre des Spirituels franciscains, qui admiraient la théorie millénariste de Joachim de Fiore annonçant la fin des temps, et qui causaient de grands troubles au sein de la chrétienté. Le règne de l'Esprit devait arriver en l'an 1260. Ce serait la fin du règne du Fils, et la fin de l'Église.

L'interrogatoire eut lieu dans la grande salle du palais épiscopal de Toulouse. De hautes fenêtres ajourées laissaient pleuvoir une lumière abondante sur la communauté. Les langues de feu de l'Esprit saint semblaient se manifester pour faire émerger la vérité. Assis sur des cathèdres aux larges dossiers sculptés, qui renforçaient leur prestance, les trois dominicains écrasaient de leur autorité le petit homme qui comparaissait devant eux. La modestie d'Augustin le desservait devant ses juges, ainsi que son besoin absolu de ne jamais mentir.

« Croyez-vous en la fin des temps pour l'an 1260 ?

— Je ne sais, je suis ignorant en la matière.

— Pensez-vous que Sa Sainteté le pape devrait être pauvre ?

— Oui, à l'image de Notre-Seigneur Jésus.

— Ce sont là des théories cathares !

— Non pas, c'est ce que disent les Évangiles.

— On sait que vous fréquentez Bernard de Cazenac, hérétique et faidit.

— Cela est vrai. J'ai fait serment de le ramener au sein de la vraie religion.

— Ne serait-ce pas plutôt lui qui vous entraîne dans ses diableries ? »

Les inquisiteurs étaient perplexes devant tant de sincérité associée à tant de naïveté.

Ils craignaient d'être dupes d'un cathare retors, habile dans l'art de la dialectique. Pire qu'un hérétique, il apparaissait comme un traître, un envoyé du diable déguisé en moine catholique pour corrompre la foi.

« Vous critiquez le rôle de l'Église et la sainte alliance qui unit un pays : un roi, une loi, une foi.

— Je ne fais qu'appliquer le précepte du Pauvre d'Assise. Notre-Seigneur lui a dit : va, François, répare ma maison.

— Vous contestez à Sa Sainteté le pape sa gouvernance du monde.

— Je crains que la faiblesse des hommes ne le fasse tomber entre les mains du Prince de ce monde.

— Ce sont encore des diableries cathares ! Ou pire encore, un grave péché d'orgueil !

— C'est bien la première fois que l'on me traite d'orgueilleux. Je crois en la perpétuelle naissance du monde, et en l'humilité de Dieu en travail de création.

— Dieu est roi !

— Je préfère l'humanité du Christ ; elle est plus à la portée de ma connaissance.

— Vous niez Sa Divinité Humaine ? Hérésie !

— Je crois qu'il faut partir d'en bas, de très bas, pour monter vers la lumière. Le désir se fait vallée pour être montagne. Mais la montagne n'est-elle pas l'abîme déjà comblé ? »

Les inquisiteurs semblaient consternés ; ils ne pouvaient laisser impunis de tels propos, mais répugnaient à condamner un être en apparence aussi inoffensif.

« Reconnaissez vos fautes, faites votre contrition, dénoncez vos complices et vous serez réintégré au sein de notre Église qui sait être généreuse.

— Je n'ai nul besoin d'être réintégré puisque j'appartiens déjà à la communauté catholique. Si j'ai commis des péchés, ce ne sont pas ceux que vous dites. J'ai toujours suivi à la lettre et dans l'esprit les préceptes de François d'Assise.

— Ses héritiers ne sont pas en odeur de sainteté auprès du pape.

— Alors, c'est que Sa Sainteté se trompe. »

Après avoir découragé ses défenseurs, refusé toutes les planches de salut que l'on pouvait lui tendre, confondu ses accusateurs par des raisonnements habiles qu'ils trouvaient spécieux, le moine Augustin fut condamné à être brûlé vif en place publique.

Bernard imagina vingt plans pour le libérer : prendre d'assaut sa prison, soudoyer les bourreaux. Mais après le traité de Meaux, Toulouse était devenue la ville la plus surveillée de France. Impossible de l'attaquer ou d'y introduire un groupe déterminé. C'était courir à une perte certaine et ses amis les plus fidèles ne l'auraient pas suivi. Il n'avait pas de troupes assez puissantes, son armée était maigre et de pâle vigueur. Tandis qu'il cherchait, en vain, une ruse plus efficace que la force, Bernard comprit que la condamnation d'Augustin n'était qu'un piège pour s'emparer de sa personne. Le moine n'était pas un grand danger pour l'Église ; lui était un chef de guerre redouté.

Le jour du supplice, Bernard et Hugues de Vassal, déguisés en marchands, purent s'approcher de l'enclos, parmi la foule ivre de ce spectacle malsain. Ils voulaient soutenir leur ami d'un regard, prier pour lui et pour son salut.

Stoïque, Augustin fut porté sur le bûcher et lié à un poteau. Il semblait encore prêt à débattre de son innocence. Lorsqu'il vit ses deux compagnons les yeux inondés de larmes, il esquissa un triste sourire, puis il s'abîma en prières tandis que les flammes léchaient son corps. Il mourut comme un saint martyr.

« Ils brûlent même les catholiques, et les meilleurs d'entre eux, dit Bernard. Leur monde ne va pas tarder à s'effondrer.

— Au contraire, ils renforcent le Mal et le règne du Démon. Je crois que nous sommes perdus. »

Hugues de Vassal passa la main sur son visage, en signe de lassitude, tandis que Bernard serrait machinalement le talisman qu'il portait toujours autour du cou. « Notre ami Augustin aurait été le meilleur des Parfaits cathares. »

25

Cordes, 1230.

Bernard sentait croître le danger partout autour de lui, jusque dans son palais. N'avait-on pas lancé des pierres dans ses fenêtres en criant : « À mort, le cathare ! Au bûcher ! »

La foule versatile, avide de paix et d'oubli, voulait brûler celui qu'elle avait adoré. En refusant la réconciliation avec l'Église, il avait jeté l'opprobre sur toute la population de Castelsarrasin. Craintif, son peuple voulait le chasser.

« Il faut partir, tant qu'il est encore temps, lui dit Hugues de Vassal.

— Partir où ? Je n'aspire qu'à rejoindre Alix à Montségur. Elle demeure ma seule patrie. Mais la route du sud est surveillée. Ma tête est mise à prix ; nous ne ferons pas dix lieues.

— Il faut fuir vers l'est, là où l'on ne nous attend pas. Gagnons Albi la rouge. Bien qu'on nomme "Albigeois" les cathares, cette ville est toujours restée fidèle à son évêque catholique, et la guerre y a peu marqué les esprits. Nous y serons à l'abri, et j'ai quelques adresses sûres dans la région. Nous pourrons ainsi contourner Toulouse et gagner Montségur.

— Tout d'abord, il nous faut sortir d'ici, et discrètement. »

Vêtus comme deux riches marchands enveloppés d'un manteau précieux, une aumônière brodée à la ceinture, ils se présentèrent à l'heure de none à la porte d'Orient. Leur chapeau rabattu dissimulait en partie leurs visages. Ils firent piétiner leurs chevaux devant le poste de garde, en hommes pressés, peu habitués à être ralentis par des futilités. Hugues de Vassal se sentait peu à l'aise dans cet habit bourgeois, sa robe austère lui étant devenue comme une seconde peau. Bernard parlementa d'interminables minutes. À peine le barrage franchi, ils piquèrent des deux en direction de l'est.

En deux jours, après avoir fait un large détour pour éviter Montauban, ils gagnèrent la bastide de Cordes. À la monotonie des plaines toulousaines succéda un paysage plus abrupt et vallonné.

« Cordes est une place bien fortifiée que le comte Raymond VII a fait bâtir pour protéger les cathares. Nous y trouverons des amis.

— Que vaut à présent la protection du comte ? » s'interrogea amèrement Bernard.

La ville était bien située, au sommet du puech de Mordagne, entourée d'une double enceinte percée de quatre portes. Ils trouvèrent le bourg en pleine effervescence. Partout s'ouvraient des boutiques de tisserands qui offraient au public les produits issus des ateliers clandestins des hérétiques.

« Soyez sans crainte, cette terre est nôtre », précisa Hugues de Vassal.

Plus circonspect, Bernard remarqua de nombreuses patrouilles de soldats. Une fièvre inquiète parcourait les rues.

« Voici la demeure de Sicard de Figueras, le fils mineur de l'évêque d'Albi. Il nous offrira un abri sûr et un sauf-conduit. »

À peine eut-il ouvert l'huis que le visage du bonhomme se rembrunit. « Vous ici, messire Hugues ! Quelle imprudence ! Entrez, entrez vite. » Il bouscula les deux hommes et poussa le verrou, comme s'il voulait laisser le diable au-dehors, puis il les entraîna dans une pièce sombre, à l'arrière de la maison.

« Que se passe-t-il ? Nous pensions arriver en territoire ami, et vous nous faites bien mauvaise figure.

— Il est arrivé une chose terrible. L'homme tremblait de tous ses membres. L'Inquisition ! Elle est partout. Voila huit jours de ça, ils ont brûlé une vieille femme, une relapse qui était retournée à son vomi, comme ils disent. Alors la population s'est révoltée. Elle a occis les trois dominicains responsables du bûcher et a précipité leurs cadavres au fond du puits du village.

— Voilà plutôt une bonne nouvelle, s'esclaffa Bernard dans un gros rire. Ce n'est pas moi qui regretterai ces sinistres cafards, ces maudits chiens de Dieu.

— Vous êtes inconscient. Le pape a excommunié tous les habitants de Cordes, et les sergents du roi quadrillent les rues, enfoncent les portes, fouillent les caves et interrogent tous le monde. Votre arrivée est déjà signalée.

— Nous ne sommes que d'innocents marchands.

— À Cordes, tous les marchands sont cathares !

— Que devons-nous faire ?

— Vous cacher, attendre la nuit pour franchir les murailles, et vous enfuir.

— Et nos chevaux ? maugréa Bernard.

— Il vous faut les abandonner, tout comme vos habits qui vous font repérer à cent pas. Je vais vous prêter des tenues plus discrètes, et vous assurer une sortie. »

À la nuit noire, Hugues et Bernard, vêtus de sombre et la capuche sur la tête, s'approchèrent à pas de loup d'une minuscule ouverture qui perçait les fortifications. On y déversait les ordures : ils piétinaient au milieu des détritus nauséabonds.

« Ce maudit Sicard aurait pu nous guider. Nous allons nous perdre dans cette obscurité.

— Je n'ai pas aimé son regard quand nous l'avons quitté. Il était ravi de se débarrasser de nous.

— Il a peur, c'est humain. Mais un Parfait ne devrait jamais avoir peur. Pas un n'a renié sa foi devant les flammes. »

Bernard arrêta d'un geste le pas de son ami. « Faites silence ! J'entends venir quelqu'un. » Un rayon de lune éclaira l'ouverture béante. Des silhouettes s'approchaient. Il reconnut Sicard de Figueras qui conduisait des sergents du roi.

« Nous sommes trahis, murmura Bernard.

— C'est impossible, un Parfait ne peut pas... »

Sans écouter la suite, le chevalier tira son épée de dessous son manteau. « Il faut agir avant que cette patrouille n'ait pris position. Suivez-moi ! Courez ! »

Les deux hommes dévalèrent la pente, Bernard faisant des moulinets avec sa rapière. Il manqua de décapiter le traître, perça la poitrine de deux soldats. Durant ce bref combat, il avait perdu de vue le Parfait qui ne pouvait suivre son rythme endiablé.

« Messire Hugues, où êtes-vous ? » Bernard sentit ses cheveux se dresser sur sa tête : son ami était en danger. Le Parfait se tenait immobile, sous la menace d'un garde. Bernard remonta de quelques pas, embrocha l'homme et empoigna son ami par le bras.

« Ne pouvez-vous pas faire un effort, et vous défendre quelque peu ?

— Le catharisme l'interdit ; je suis non violent.

— Alors j'espère que le catharisme n'interdit pas de fuir ! Il va falloir courir encore plus vite. »

Dans la faible lueur de l'astre de la nuit, il montra deux patrouilles qui convergeaient vers eux.

26

Vaour, 1230.

Les deux hommes traqués fuyaient depuis une heure. Ils entendaient derrière eux la course bruyante de leurs poursuivants. Seul, Bernard aurait pu les distancer, ou bien les attendre et les tuer un à un. Mais Hugues, plus âgé, le retardait.

« Où allons-nous ? murmurait le Parfait, à bout de souffle.

— Je ne sais pas, vers le nord. Il nous faut quitter la juridiction de Cordes. Peut-être trouverons-nous quelque seigneur accueillant.

— Je ne tiendrai jamais jusque-là ! »

Ils avaient pris quelque avance sur les sergents du roi en franchissant une rivière. Bernard, bon nageur, avait soutenu son compagnon. De l'autre côté de l'eau, sur une hauteur, se dressait la silhouette massive d'une forteresse. Mais leurs ennemis avaient rapidement trouvé un gué et se rapprochaient dangereusement. Ils cessèrent de parler, concentrés sur leur course, et l'on n'entendait que le halètement caverneux du Parfait à bout de forces.

Bernard et Hugues gravirent la pente rude en s'aidant de leurs mains, s'accrochant désespérément aux buissons épineux. La pierraille roulait sous leurs pas, la terre s'effondrait sous leur poids ; ils perdaient à chaque foulée le peu de terrain gagné. Au-dessus d'eux, les murailles se rapprochaient, ultime et peut-être illusoire espoir de salut. Des cris jaillissaient derrière eux, une véritable meute à l'hallali.

« Je n'y arriverai pas !

— Courage ! Plus que quelques foulées. »

Des bornes portant des croix gravées marquaient l'entrée de la châtellenie. « Nous sommes sauvés », s'écria Bernard. Au moment même où il prononçait ces paroles, il entendit le sifflement d'une flèche. Hugues s'écroula, le flanc percé. Le sire de Cazenac revint sur ses pas, saisi par le navrant spectacle de son ami qui geignait faiblement. « Laisse-moi ! Sauve-toi ! »

Pour toute réponse, il tira son épée et fit face à ses ennemis qui approchaient, la lame nue ou le trait prêt à jaillir de l'arc. Le bout du chemin était donc là, en terre albigeoise, au pied d'un château inconnu. Il caressa de la main son talisman, songeant qu'il n'en connaîtrait jamais le sens, craignant un instant que les inquisiteurs n'en fassent un mauvais usage.

Soudain, le cercle de ses adversaires, qui se resserrait à chaque seconde, se fractionna ; certains reculèrent, d'autres s'enfuirent. Il entendit dans son dos un fracas de sabots. Une dizaine de cavaliers barbus, la lance au poing, chargeaient. Ces mystérieux chevaliers semblaient surgir du néant; leur troupe compacte donnait l'impression de ne former qu'un seul corps, massif et mobile à la fois : un dragon de légende. Ils dégageaient une impression de force et d'invulnérabilité. Dans un mouvement parfaitement exécuté, ils stoppèrent leurs chevaux vigoureux entre Bernard et ses poursuivants. Celui qui paraissait être le chef s'adressa aux soldats d'une voix forte.

« Que faites-vous ici ? Qui vous a autorisés à pénétrer sur le territoire de la commanderie ?

— Nous agissons pour le compte du roi et de la très sainte Inquisition. Nous poursuivons ces cathares depuis hier. Remettez-les-nous !

— Vous n'avez pas pouvoir de police dans notre juridiction. Veuillez quitter ces lieux !

— Messire chevalier, nous servons tous deux la sainte Église, et combattons les hérétiques.

— Votre loi n'a pas cours dans cet enclos. Veuillez partir où je vous fais disperser par mes hommes !

— J'en rendrai compte à Monseigneur l'évêque.

— Nous ne dépendons que du pape. »

Bernard avait reconnu le manteau blanc frappé de la croix pattée rouge des chevaliers du Temple. Il n'en fut pas moins stupéfait par ce dialogue inattendu.

Les templiers conduisirent les deux hommes à l'intérieur de la forteresse. Tandis que l'on portait Hugues à la maladrerie, pour lui donner d'urgence les premiers soins, Bernard fut reçu par le commandeur du lieu.

L'homme, aussi grand et robuste que lui, également âgé d'une quarantaine d'années, portait une longue barbe grisonnante qui tombait sur son habit blanc. Son regard perçant dévisageait son hôte comme si ses traits lui étaient familiers. Le chevalier cathare hésitait. Les templiers étaient aux ordres du pape, le pire ennemi de sa religion ; mais ceux-là lui avaient sauvé la vie. Il choisit de ne rien dissimuler.

« Je vous demande asile, messire commandeur. Je suis Bernard de Cazenac, ci-devant seigneur de Castelsarrasin...

— Et châtelain faidit de Castelnaud, Domme et Montfort, je sais. »

L'étonnement se peignit sur le visage du cathare, que venait de caresser un peu du vent de son lointain pays, où il avait été heureux.

« Vous me connaissez ?

— Je me nomme Armand de Périgord. Je vous ai vu combattre en tournoi, à Turenne, il y a... bien longtemps. Nous vivions en paix, alors.

— Mais vous êtes .... ?

— Le fils du comte de Périgord, Hélie V Talleyrand, mort au combat en Terre sainte.

— Son successeur, votre frère, ne m'a guère été favorable.

— Il faut dire que vous l'avez souvent tenu en échec sur les bords de la Dordogne. »

Le ton était cordial, nullement menaçant, avec une pointe d'ironie.

« Rassurez-vous, je n'ai pas d'excellents rapports avec mon frère Archambaud. Ma famille n'a pas accepté que je prenne le rude habit de templier, alors que j'aurais pu être plus utile à ses intérêts sous la mitre d'un évêque ou d'un abbé. Je vous offre l'hospitalité dans la commanderie de Vaour. Entre Périgourdins, nous nous devons bien cela. Je suis un homme de paix, malgré l'épée que je porte. Je regrette le temps des débats contradictoires et pacifiques où notre maître Bernard de Clairvaux disputait en public avec votre grand-père. »

Les deux hommes devisèrent longuement ; Bernard s'émerveillait devant la science du templier. « Les voyages sont instructifs ; ils nous rendent meilleurs », lui dit Armand.

Il venait de quitter son poste d'inspecteur de l'Ordre en Hongrie et remplaçait le commandeur de Vaour, malade, en attendant de prendre les hautes fonctions de maître en Sicile, Calabre et Pouilles.

« Je suis diplomate tout autant que soldat. On attend de moi que je réconcilie l'empereur d'Allemagne, Frédéric Barberousse, prétendant à la couronne de Jérusalem, avec Sa Sainteté le pape. L'Italie est ravagée par une guerre furieuse que se livrent les Guelfes, partisans du souverain pontife, et les Gibelins qui soutiennent le pouvoir laïc. Nous, templiers, qui sommes à la fois clergé, noblesse et tiers état, nous devons jouer le rôle d'unificateur de la chrétienté. »

Bernard découvrit, avec le plus vif intérêt, que le monde ne se limitait pas aux frontières occitanes. L'Orient, l'Italie, il les avait entendu chanter par les troubadours. Le commandeur templier leur donnait corps et existence réelle.

« Vous dépendez du pape, alors vous êtes les ennemis des cathares ?

— Je n'ai aucune sympathie pour votre hérésie, mais nous avons prêté serment de ne pas lever l'épée contre des chrétiens, et vous adorez, comme nous, le Christ. Nous ne nous sommes jamais associés aux croisades contre les Albigeois.

— Vous étiez pourtant à Marmande, il y a dix ans !

— Nous n'avons pas participé à l'immonde massacre de ses habitants. Nous ne pouvons souffrir une telle infamie.

— Je comprends mieux votre accueil, et vous en remercie.

— En Terre sainte, nous avons appris à fréquenter et à respecter toutes sortes de religions : des chrétiens orthodoxes, melkites, arméniens, gnostiques, mais également les juifs, qui sont nos ancêtres et non pas nos ennemis. Les musulmans eux-mêmes croient en un Dieu unique et nous les estimons tout en les combattant. Souvent, nous nous allions à Damas contre Le Caire, ou inversement. L'Orient est une expérience inoubliable. Son mélange extrême oblige à la tolérance et à la compréhension. L'Occident pourrait en tirer des leçons de charité. Quand les croyances sont nombreuses, le respect s'avère indispensable pour vivre au quotidien.

— On n'y trouve pourtant pas de cathares !

— Détrompez-vous. Il existe encore des groupes de chrétiens gnostiques dont la pratique ressemble à la vôtre comme une sœur jumelle. »

Le templier se leva et s'empara d'un parchemin qu'il conservait dans un petit coffre. Il le présenta à Bernard ; le cathare vit qu'il était signé du précepteur de France.

« Observez bien le sceau, en bas du document. »

L'impression sur la cire rouge révélait un étrange personnage : un torse humain ceint d'un tablier, tenant un fouet dans la main droite, une tête de coq et deux serpents à la place des jambes. Sept étoiles ornaient sa senestre.

« Voilà qui n'a rien de chrétien, murmura Bernard.

— Vous vous trompez, messire. Cette figure se nomme l'Abraxas Panthée[1]. Elle réunit des caractères grecs de l'époque païenne, et juifs, mais elle fut le symbole de l'école chrétienne de Basilide, aux premiers temps de l'Église.

— Vous voilà bien savant en théologie, messire commandeur.

— Je ne fais que répéter ce que m'ont appris les sages arabes et juifs que j'ai fréquentés à Jérusalem. La religion de Basilide serait aujourd'hui condamnée comme hérésie cathare.

— Que sont devenus ses adeptes ?

— L'Église les a réprimés et repoussés jusqu'aux confins de l'Empire romain, mais il en subsiste plusieurs groupes épars en Terre sainte. Ils se nomment marcionites, messaliens ou pauliciens et adorent le Christ tout comme vous et moi.

— Mais vous, messire commandeur, moine et combattant au service du pape, pouvez-vous douter des dogmes de l'Église ? Ne croyez-vous pas en la double nature de Notre-Seigneur ?

— J'ai trop vu de guerres, trop de corps mutilés et en souffrance, j'ai donné et reçu trop de coups dans la

1. Personnage mythique du christianisme gnostique représentant le mauvais démiurge.

chair, pour les diviniser. Seul l'esprit peut régner sur la matière pour créer l'homme. »

Bernard restait confondu par ces affirmations. L'hérésie existait donc au sein même de l'Église ! Les convictions du pape étaient donc contestées par ceux-là qui étaient le plus à même de les défendre. Il comprenait combien l'immersion du monde religieux dans l'univers politique ne pouvait être que perversion.

« C'est bien d'Orient que mon ancêtre Aldebert a ramené la religion des Bons Chrétiens, ajouta-t-il.

— Vous connaissez maintenant vos origines, messire de Cazenac : votre famille est née en esprit sous les murailles de Jérusalem. »

27

Le commandeur fit à son hôte les honneurs de la forteresse fondée, un siècle plus tôt, par les chevaliers de Penne.

« Ils ont été également d'irréductibles combattants cathares, nota Bernard. C'est ainsi dans tout le sud-ouest du royaume. Les deux religions cohabitaient dans les cœurs comme dans les villages.

— L'abbaye de Chancelade, en Périgord, où j'ai reçu l'habit ecclésiastique, a elle aussi contribué à la richesse de Vaour, une des plus puissantes commanderies du comté de Toulouse. »

Un vaste château, surmonté d'un haut donjon, veillait sur des granges bien garnies. La salle capitulaire, longue de vingt-cinq pieds, disait assez l'importance de la communauté où se mélangeaient clercs et laïcs. L'ensemble montrait à la fois un aspect militaire, religieux et champêtre. Ceux qui priaient, ceux qui combattaient et ceux qui travaillaient y vivaient en harmonie.

Dans la cour, Bernard vit passer un troupeau de brebis que le berger menait paître. À sa tête, le bélier arborait fièrement un sautoir portant la croix pattée. Sous les couverts, les adeptes des francs métiers, maçons, charpentiers, ferronniers, tous hommes libres de travailler où bon leur semblait sur les propriétés du Temple, vaquaient à leurs occupations profanes.

On manda les deux hommes à la maladrerie ; Hugues de Vassal était au plus mal. Le médecin avait tenté d'arrêter l'hémorragie avec un emplâtre d'œufs, d'étoupe, de sel fin et d'eau, mêlés de mystérieux onguents. Mais la blessure s'avérait trop profonde. « Je crains qu'il ne passe avant deux jours », indiqua le frère infirmier.

Le souffle court, le teint terreux, Hugues agrippa le bras de son ami ; sa voix rauque était altérée par la douleur.

« L'heure est venue de me présenter devant Notre-Seigneur. Mais je ne puis le faire dans cet état. Je dois recevoir l'aide d'un Parfait ; il doit m'administrer le consolament des mourants afin que je sois jugé selon mes mérites.

— Mais mon ami, vous êtes cathare revêtu et n'avez nul besoin d'une telle cérémonie. Vous êtes pur.

— On ne l'est jamais assez. J'ai trop vécu parmi les hommes, leur violence, leur bassesse. Je crains d'avoir été influencé. Mes pensées ont parfois été emplies de haine. Cours au village de Penne, chez le tisserand Pierre Lemoine. Tu y trouveras un homme, presque un ange. Il se nomme Bernard de Lamothe, le plus parfait d'entre nous. Ramène-le.

— Ici ! »

Le chevalier de Cazenac regarda Armand de Périgord. Pouvait-il souffrir qu'une cérémonie cathare se déroule dans sa commanderie, qui était un monastère catholique ? Le Parfait ne risquait-il pas d'être arrêté ? « Je connais Bernard de Lamothe, répondit simplement le templier. Je vais l'envoyer quérir. »

Lorsque Bernard de Lamothe pénétra dans la maladrerie, accompagné de son « socius », le blessé pouvait encore murmurer quelques mots.

« Promettez-vous de tenir votre cœur et vos biens selon la volonté de Dieu ?

— Je le promets. »

Sa voix était à peine audible.

« Nous vous imposons cette abstinence pour que vous la receviez de Dieu, de nous et de l'Église.

— Je la reçois. »

Ils l'habillèrent alors d'une chemise blanche et lui lavèrent les mains. Puis, ils lui imposèrent le livre saint, dirent l'oraison et le saluèrent comme on salue une femme, rendant ainsi le respect à son âme immortelle, puis ils le saluèrent comme un homme, car il avait vaincu ses passions et le Mal sur terre, et achevé l'union parfaite.

Hugues de Vassal perdit conscience à la fin de la cérémonie, et remit son esprit entre les mains de Dieu au premier chant du coq.

« Où son corps reposera t-il ? s'enquit Bernard.

— Son corps terrestre a peu d'importance, répondit Bernard de Lamothe. Seule compte son âme qui est retournée définitivement auprès du Seigneur.

— Ne vous troublez pas, ajouta Armand du Périgord avec un bon sourire. Nous ferons ensevelir sa dépouille en terre consacrée. Il n'est pas le premier cathare à venir mourir chez nous, et nous leur donnons toujours une sépulture chrétienne. Nous l'inhumerons discrètement, car ces chiens de l'Inquisition, non contents de torturer les corps, déterrent les cadavres des hérétiques pour les brûler. »

Le chevalier de Cazenac semblait désemparé. Il avait perdu son guide spirituel. « Je ne sais plus que penser. Je me sens exclu de toutes les religions. J'ai vu mes amis, Hugues de Vassal, Parfait cathare mourir d'une flèche chrétienne, et Augustin, moine catholique, périr sur le bûcher des dominicains. J'ai vu un moine templier me secourir avec la même ferveur que vous, seigneur de Lamothe, devant qui je m'agenouille et fais le melhorament. J'ai été trahi par un soi-disant Parfait à Cordes, où Sicard de Figueras m'a poursuivi avec autant de haine que le plus cruel des croisés. Je ne sais plus où aller.

— Toutes les religions ne sont que des langages pour s'adresser à Dieu ; chaque vie d'homme est un chemin vers Lui. Il faut cesser de contempler les apparences pour découvrir la vérité du cœur. Si vous ne savez où vos pas vous mènent, alors suivez-moi. Je m'en vais à Montauban, pour y prêcher la bonne parole.

— Vous allez y perdre la vie. La région n'est pas sûre.

— Ce sera mon destin ; je m'y soumets.

— Ma foi n'est pas assez forte pour vous suivre. Je vais tenter de rejoindre Alix, mon épouse, à Montségur.

— C'est un lieu saint, fait pour les cathares revêtus. Pensez-vous être digne d'y résider ?

— J'ai trop de violence en moi pour recevoir le consolament.

— Dieu en décidera. »

Le Parfait s'éloigna à pied et disparut, comme avalé par le paysage. Avant de quitter la commanderie, il avait dit à Bernard : « Si tes pas s'égarent encore, si ton soleil se fane, viens à Montauban. Je t'y attends et t'y instruirai. »

Alors que Bernard revêtait ses habits de voyage, Armand de Périgord désigna du doigt le réceptacle d'argent qu'il portait autour du cou, à même la peau. « Bel objet. Il vient d'Orient ? »

Le chevalier cathare hésita avant de répondre. Pouvait-il faire totalement confiance au commandeur, alors qu'il n'était même plus sûr de sa foi ? Il choisit d'être fidèle à son instinct d'homme : Armand du Périgord inspirait le respect. « Mon ancêtre l'a ramené de Terre sainte. Selon la prédiction, nul ne doit l'ouvrir avant que les temps ne soient accomplis. Il recèle la solution à toutes nos souffrances, mais aucune main d'homme ne doit en briser le sceau si l'heure n'est pas venue. »

Intrigué, le templier regardait la décoration, suivant du doigt le contour des gravures.

« Je reconnais là des caractères hébraïques.

— En êtes-vous sûr ? Les cathares ne reconnaissent aucune valeur à l'Ancien Testament et nient les croyances des Hébreux, même si tous les hommes, à la fin des temps, doivent être sauvés.

— Je ne suis pas savant dans cette langue ; on nous apprend plus à manier l'épée que la plume. Mais voyez ces trois lettres : Our. Elles signifient la lumière. Pour les juifs, elles désignent la limite de la connaissance humaine.

— Nous autres, cathares, vénérons la lumière annoncée par l'Évangile de Jean.

— C'est probablement la même. Vous détenez là un précieux secret, chevalier. Les juifs, comme vous les cathares, n'hésitent pas à se plonger dans l'étude de la Bible et de la philosophie, malgré les interdits de l'Église qui réserve aux clercs cette pratique. Il ne serait pas étonnant que vous partagiez le secret des origines du monde. Nous autres, templiers, menons une démarche similaire et la diversité de l'Orient a fait singulièrement évoluer notre pensée.

— Ne seriez-vous plus catholique ?

— Si fait. Mais nous avons compris qu'il existait une religion naturelle, commune à toutes les religions, et qui réunissait tous les hommes du passé, du présent et de l'avenir.

— En quoi se résume t-elle ?

— Il faut croire en un Dieu unique, comme l'a dit Moïse, pratiquer une rituélie rigoureuse, comme l'a enseigné Mahomet, et surtout aimer son prochain comme soi-même, comme l'a prêché Notre-Seigneur Jésus. C'est uniquement dans ses actes que l'homme sera jugé devant Dieu. Chacun est libre de bien ou mal agir.

— Les cathares ne croient pas au libre arbitre. Mais alors, si vous êtes dans cet état d'esprit, pourquoi vous dire encore catholique ?

— Parce que cette religion naturelle doit prendre corps dans les religions existantes : catholique, cathare, juive ou musulmane. La vérité n'est détenue par personne ; elle se recherche toute la vie. C'est la liberté et la responsabilité de l'homme. »

Armand de Périgord fournit à Bernard de Cazenac un cheval blanc vigoureux, des vivres et quelques écus. « Que Dieu vous garde, seigneur cathare. Évitez les mauvaises rencontres. »

Bernard poussa sa monture au galop, en direction du sud.

28

Cabaret, 1231.

Bernard de Cazenac était découragé. Cela faisait des semaines qu'il tentait de franchir le rideau toulousain pour gagner les Pyrénées. En vain. Les sergents recherchaient partout ce trop vaillant capitaine qui aurait pu, à lui seul, mettre en danger la paix du roi. Sa tête était mise à prix et l'Inquisition transmettait la nouvelle dans chaque village, par le biais de prêtres aux prêches enflammés. On lui prêtait plus de pouvoirs qu'il n'en avait jamais eus ; on murmurait qu'il disposait d'un objet magique dont il fallait s'emparer coûte que coûte. Tous craignaient qu'il ne rallume le feu de la guerre ; beaucoup ne voulaient plus entendre parler du catharisme, qui avait apporté le malheur sur leurs terres. La souveraine régente avait décidé d'isoler Montségur. Un vaste cordon de sécurité barrait la route à ceux qui voulaient rejoindre la montagne sacrée. Cette poignée de rebelles, coupée du monde, finirait bien par s'épuiser et disparaître.

Bernard lui-même doutait de son destin, de sa foi, de sa force. Voilà des années qu'il combattait, et pourquoi ? Catharisme et catholicisme produisaient tous deux des êtres généreux, des monstres de cruauté, des braves et des lâches. Il se sentait vieilli sous le harnais sans que la sagesse que l'on attribue au grand âge ne soit venue compenser les désillusions de l'existence. Il n'avait plus de nouvelles d'Alix depuis des mois. L'attendait-elle toujours dans son réduit de Montségur ? Il regrettait les heures généreuses de leurs amours, sachant qu'il ne les retrouverait jamais. Une Parfaite cathare ne saurait être une amante sensuelle et amoureuse. Qu'irait-il faire à Montségur ? Pourrait-il jamais s'habituer à cette vie monacale ? Lui qui avait été un des plus puissants féodaux du Périgord et du Languedoc était devenu un chevalier errant et poussiéreux, traînant sa solitude de châteaux en villages, là où il savait pouvoir trouver des amis. Mais des amis, il en comptait de moins en moins. Parfois, les paysans lui jetaient des pierres, le chassaient comme s'il avait le mauvais œil, effrayés par son allure sinistre. Avec l'obstination de la bête piégée, il venait butter sur le mur invisible qui lui barrait le chemin du sud.

Après avoir échoué une nouvelle fois à franchir la route qui reliait la cité rose à Narbonne, il cherchait un abri dans la courte forêt de la Montagne Noire, quand il aperçut au loin les tours du puissant château de Cabaret. Une vaste communauté de croyants y avait résidé, et la place servait de refuge à l'évêque cathare de Carcassonne Pierre Paulhan. Cabaret était devenu le point de ralliement de tous ceux qui cherchaient à fuir en Italie. Il songeait, lui aussi, à s'exiler.

Il roulait ainsi de noires pensées quand il entendit au loin un bruit de course, des cavalcades, des cris, des appels de trompes. On chassait quelque part. Soudain, surgissant d'un buisson, un être étrange vint se jeter aux pieds de son cheval. Il le prit tout d'abord pour quelque animal sauvage, ou une créature fabuleuse, mi-homme, mi-bête, avant de s'apercevoir que c'était un homme revêtu d'une peau de loup. Le cheval, effrayé, fit un écart.

« Messire chevalier, par pitié, sauvez-moi ! »

Troublé un instant par cette singulière apparition, Bernard reconnut cependant cette voix haut perchée. Il l'avait tellement entendue chanter, autrefois, aux beaux jours de Castelnaud. « Guilhem, c'est toi ? Guilhem le troubadour, et dans quel accoutrement ! »

Dévalant le chemin caillouteux, des piqueurs et des valets tenant des chiens en laisse hurlant à l'hallali s'approchèrent des deux hommes, puis s'écartèrent pour laisser passer une élégante dame coiffée d'un chapeau à plumes. Elle arrêta sa fine haquenée blanche devant Bernard et lança d'une voix rauque, à l'accent moqueur. « Ce pauvre Ysengrin, tout piteux et tremblant, est un gibier bien maigre. Mais il se pourrait que la chasse nous offre un autre contentement. »

Le chevalier cathare se tenait tout droit, dans une attitude de défi. Il sentait autour de lui une force mystérieuse, mais ne pouvait déterminer si elle était amie ou ennemie.

« Que voulez-vous faire à ce malheureux bougre ? demanda-t-il, d'une voix agressive.

— Je l'ai pris auprès de moi pour qu'il me chante l'amour, mais il me sert bien mal au lit. Aussi, j'ai décidé d'en faire l'objet de ma chasse. S'il parvient à échapper à mes bergers, il aura la vie sauve. Sinon, il sera dévoré par mes mâtins et mes lévriers. Je constate qu'il a échoué.

— Messire Bernard, vous n'allez pas laisser faire ça ? » pleurnicha le troubadour qui faisait trembler de peur sa peau de loup.

Le sire de Cazenac dévisagea la femme avec insistance. Elle était d'une grande beauté, enveloppée dans sa somptueuse chevelure rousse que le vent de la course avait répandue sur ses épaules. Elle dardait sur lui des yeux verts transparents. « Un démon aux yeux de paradis », pensa t-il.

« Je suis Loba de Pennautier, comtesse de Cabaret. Me suivras-tu pacifiquement, chevalier, ou vas-tu tirer l'épée contre mes gens ?

— Je t'accompagne, de ma propre et seule volonté, à la condition que tu libères ce pauvre troubadour. »

Elle lui adressa un sourire sensuel, sans équivoque. « Volontiers, je ne perdrai pas au change. »

Guilhem laissa tomber sa peau de loup, que les chiens s'empressèrent de dévorer, et s'enfuit à toutes jambes. En quelques minutes, il avait disparu sans même songer à remercier son sauveur.

« À quel jeu cruel jouais-tu avec lui ? N'as-tu pas compris qu'il préférait les hommes pour les choses de l'amour ?

— Si fait ! Mais j'aimais sa voix.

— Elle a longtemps enchanté ma cour, à Turenne et Castelnaud. Je me nomme Bernard de Cazenac.

— Si tu aimes les cours d'amour, tu vas être heureux ici. Cabaret est la dernière place où l'on célèbre encore la *fine amor* et le beau langage. Tu m'obéiras en tout, et tu ne seras pas déçu. On me surnomme la louve de Pennautier.

— Ne sais-tu pas que chez les loups, ce sont les mâles qui commandent ?

— Pas chez moi, à Cabaret. »

Cabaret était un ensemble de quatre châteaux, établis dans le cadre sec et sauvage de la vallée de l'Orbeil. Cabaret, Tour Régine, Fleur Espine et Quertinheux étaient partagés entre quatre coseigneurs qui avaient victorieusement défendu leurs fiefs contre Simon de Montfort. Pierre Roger de Cabaret avait ensuite feint de se soumettre aux croisés pour mieux transformer sa forteresse en sanctuaire cathare. Aujourd'hui, la place était aussi isolée que Montségur, la pureté en moins. Il régnait entre ces murs une ambiance étrange, une impression de décadence, de fin d'empire. On y regrettait le temps jadis, celui des troubadours les plus célèbres du moment. Peire Vidal et Raimon de Miraval y avaient animé des cours d'amour et offert leurs services et leurs corps à la belle et sulfureuse Loba. Veuve d'un des coseigneurs, elle ne dissimulait en rien son goût pour les hommes. Bertrand de Saissac, maître de la Montagne Noire, Aimery de Montréal, que Montfort avait fait pendre lors du sac de Lavaur, et Raymond Roger de Foix s'étaient partagé ses faveurs. Du comte roux elle avait eu un fils prénommé

Loup. Mais derrière la fête, les orgies et le chant des troubadours, qu'elle faisait enlever aux alentours, se cachait la peur. La débauche et le relâchement des mœurs annonçaient la fin du monde, de leur monde. Les catholiques ne se donnaient même pas la peine d'assiéger Cabaret. Les cathares se réunissaient pour prier dans des grottes qui formaient un vaste réseau sous les châteaux. Les fuyards qui partaient pour l'Italie, plus tolérante envers ses patarins, étaient légions. Chaque mois, sous la conduite de guides payés à prix d'or, un convoi empruntait à travers la montagne un périlleux chemin qui permettait de franchir le Rhône et de gagner la terre d'Empire.

Bernard avait besoin de repos ; il se laissa aller à ce climat délétère. Loba le voulait ; il se laissa aimer. Elle n'avait rien perdu de sa beauté, ni de son ardeur, en dépit des quelques marques que l'âge avait pu inscrire sur son visage et son corps. Elle entretenait soigneusement ce physique irréprochable qu'elle baignait régulièrement dans du lait d'ânesse, se lavait le visage au lait de fève, se fardait avec soin. Du rouge de safran sur les joues, du bleu sur les paupières. Narcisse, sarcocolle, bourrache, poudre d'argent la paraient et la parfumaient. Ses lourdes boucles rousses encadraient son visage avec art, en soulignant l'ovale. Elle aimait le luxe des bijoux et des vêtements. Son cou, ses bras, ses doigts s'ornaient de colliers d'or fin, de bracelets d'argent, de bagues aux pierres précieuses. Elle traînait derrière elle la longue queue de son riche surcot et n'avait jamais assez de capes, de garnaches, de gonelles. Elle ne se vêtait que de soie de cendal et, pour lutter contre les rigueurs de l'hiver, ajoutait à ses manteaux des fourrures d'hermine, de vair et d'écureuil. Se moquant éperdument des lois somptuaires qui déconseillaient le faste et exigeaient la pudeur, elle montrait généreusement ses seins qu'elle avait gardés superbes.

Bernard le guerrier se laissa aller à tout ce luxe, à cette mollesse. La chair de Loba avait une grande douceur, sa peau, un goût de miel. À lui qui n'avait connu depuis des années que la rude couche du soldat et le réduit du fuyard, cette pause semblait un paradis. Loba lui offrait un amour total, sauvage, qui associait la brutalité de la bête aux raffinements orientaux. Il s'abandonna aux splendeurs de Cabaret comme Ulysse entre les bras de la nymphe Calypso.

« Tu restes insatisfait, mon beau chevalier, lui dit-elle après une nuit de plaisir. Que te manque-t-il ici ? Songes-tu à me quitter, à partir pour l'Italie avec tous ces Parfaits et ces Bonnes Femmes vêtus de noir et tristes à mourir ?

— Quelle cathare es-tu donc ? Tu te moques bien de ton salut.

— Que nenni, mon doux seigneur ! Je rends des hommes heureux. Cela ne peut déplaire à Dieu et me sera compté pour ma prochaine réincarnation. »

Ses yeux pétillaient de malice et son sourire gourmand disait son peu d'intérêt pour la chose religieuse.

« Alix, mon épouse, aimait l'amour autant que toi. Elle était plus grande et plus vigoureuse. Mais elle était aussi croyante et sincère. Une croyante trop ardente, au point de m'abandonner pour rejoindre l'austérité des Parfaites. »

Il s'en voulait soudain de parler d'elle au passé, comme si elle était morte.

« Alors ne pense plus à elle. Elle est perdue pour les plaisirs de l'amour et tu as trop de sang et de vigueur en toi pour songer à te faire moine. Reste avec moi ! Je suis celle qu'il te faut. » Elle le couvrit de caresses savantes, mit en œuvre toute sa science de l'amour pour rejeter dans le passé le souvenir de cette épouse qui la défiait.

« Qu'allons nous devenir dans ce piège de Cabaret ? eut-il le temps de murmurer.

— C'est une bulle hors du temps. Le pape nous laisse tranquilles et les Français nous ont oubliés. C'est le royaume du plaisir dont tu peux être l'élu. Nous y vivrons heureux le reste de notre âge, jusqu'à ce que la mort survienne. »

Bernard s'oublia quelques mois auprès de Loba ; il aimait ses caresses, sa volupté, elle lui rendait force et courage. Mais il supportait mal l'autorité qui perçait sous son indolence. Elle l'aimait avec trop de violence ; ses petits jeux prenaient des allures perverses et la cruauté transparaissait parfois sous sa beauté. Auprès d'elle, l'amour ressemblait à la guerre. Il se lassa de ce simulacre.

29

Castelsarrasin, 1232.

En quittant Loba, Bernard ne savait pas dans quelle direction tourner les sabots de son cheval. Le monde lui semblait être ce qu'en disait sa religion : un vaste enfer. Il avait renoncé à gagner Montségur, renoncé aux plaisirs de la chair ; il était las de se battre. Le désespoir et la solitude le tenaillaient au corps. Il n'attendait plus rien et se laissait couler. Mais le renoncement a parfois des vertus. Il n'avait d'autre choix que de se noyer ou de donner un vigoureux coup de pied sur le fond pour remonter à la surface. Insensiblement, ses pas le conduisirent vers Castelsarrasin, le fief dont il venait d'être dépossédé. Il n'avait d'autre endroit où aller et préférait finir en gentilhomme plutôt qu'en vagabond. « Si tout est perdu, qu'au moins l'honneur me reste », songeait-il.

Ce fut miracle qu'il ne fût pas arrêté avant d'avoir franchi les portes de la ville. Peut-être ce chevalier errant monté sur son destrier blanc n'inquiétait-il plus personne ? Il retrouva la cité qu'il avait aimée, l'odeur pimentée du marché aux légumes, la couleur vive des draps qui pendaient aux fenêtres, les bruits et les bousculades des rues animées, les cris des colporteurs. Il avait un peu la nostalgie de sa vie passée. L'existence du seigneur aisé, uniquement préoccupé des affaires quotidiennes, lui semblait un espace de repos, loin des querelles et des violences. Tandis qu'il remontait la grand' rue, au milieu des étals des marchands, une femme le reconnut. « C'est notre seigneur Bernard ! Il est revenu. »

Une heure plus tard, une patrouille du guet l'interpella dans l'auberge où il était venu étancher sa soif. Dépouillé de son épée, de sa bourse, et même de son précieux talisman, il fut jeté sur la paille d'un cachot. La nuit n'était pas encore tombée quand il fut mis en présence de Pons Grimoard, sénéchal du roi.

« Messire Bernard de Cazenac, j'aurais souhaité vous rencontrer en de plus heureuses circonstances.

— Messire sénéchal, je m'en remets à vous. Faites de moi ce que bon vous semble.

— Êtes-vous toujours dans la foi cathare ou vous êtes-vous réconcilié avec l'Église ? »

Le chevalier marqua un temps d'hésitation. Puis sa fierté naturelle reprit le dessus. Il n'était pas un de ces Parfaits qui devaient ruser pour dissimuler son identité sans mentir. Mieux valait finir avec noblesse, sans barguigner, en revendiquant avec hauteur ce que l'on était. « Jamais je ne renierai la foi de mes pères. Je préfère le bûcher à la trahison. »

Un large sourire éclaira le visage du sénéchal. « Dieu soit loué ! J'avais craint un instant que les chiens de l'Inquisition ne vous aient retourné. Votre courage est intact. » Devant l'air abasourdi du prisonnier, il s'empressa d'ajouter. « Je suis moi-même un fervent partisan des Bons Chrétiens, et, grâce au ciel, j'ai la confiance des Français et de l'évêque.

— Mais vous représentez le roi catholique et le comte de Toulouse, Raymond VII, qui a fait sa soumission.

— Certes, mais le comte nous laisse quelques libertés, sous réserve de n'être pas trop voyants. Vous verrez, notre communauté compte des gens de haut rang, et qui pèsent sur le pouvoir : Othon de Baretges, le bayle, et les seigneurs de Rabastens et de Villemur. Bernard de Lamothe nous dirige. »

Le sire de Cazenac se souvint de ce Parfait qui avait assisté Hugues de Vassal dans ses derniers instants. Sa prédiction se réalisait : ils se retrouvaient sous le signe cathare. Le sénéchal fit mander un forgeron pour briser les chaînes qui retenaient le chevalier au mur. Puis il le conduisit chez lui pour lui faire prendre un bain chaud et une collation. Il lui offrit même un bel habit pour remplacer le sien qui était troué et usé jusqu'à la trame.

Après lui avoir restitué tous ses biens, Pons Grimoard le fit conduire à Pech Hermier, un quartier de la ville un peu isolé et tranquille. Dans la maison de Guillaume Faure, Bernard de Lamothe l'attendait. Il s'agenouilla devant lui et fit son melhorament.

« Tout est écrit, la seule liberté est d'obéir à Dieu. Je savais que nous devions nous revoir, dit le Parfait en le relevant. Aimeriez-vous avoir des nouvelles d'Alix, celle qui fut votre épouse dans le monde des hommes ? »

Ce fut comme si le soleil était entré dans la pièce basse. Le visage de Bernard s'illumina d'un bonheur véritable, qu'il n'avait pas connu depuis des années.

« Vous l'avez vue ?

— Plusieurs fois ; je me rends régulièrement à Montségur.

— Comment va-t-elle ?

— Fort bien, elle mène une digne et belle vie de Parfaite cathare, tout entière dédiée à l'amour du prochain et au salut de son âme.

— Je donnerais tout pour la revoir. Vous avez plus de chance que moi. Je n'ai jamais pu gagner Montségur.

— Ce n'est pas une affaire de chance. Je connais les passeurs. Mais vous ne pourrez jamais retrouver Alix en tant qu'époux. Vous ne pourrez la reconnaître que comme Parfaite. Y êtes-vous décidé ?

— Me reste t-il une autre chance ?

— J'ai besoin d'un “socius”, un jumeau, pour cheminer à mes côtés. Tu peux occuper cette place tout de suite. »

Bernard nota le passage au tutoiement, signe de complicité, d'une implicite égalité. Il s'étonna tout de même.

« Ne faut-il pas une longue préparation avant d'accéder à cette fonction ? Je n'ai pas encore reçu le consolament.

— Le temps nous presse ; l'Inquisition nous traque à chaque coin de rue, chaque détour de sentier. Nous avons assoupli la règle, mais non les exigences. Je suis à présent le fils majeur de Guilhabert de Castres, l'évêque cathare de Toulouse qui réside à Montségur. Tu vas prendre devant moi l'engagement de fidélité. Dès aujourd'hui, tu abandonnes tes droits sur Castelsarrasin, Castelnaud, Domme, Montfort, Aillac. Tu n'es plus que Bernard de Cazenac, ton lieu de naissance, l'endroit où tu as reçu le secret de notre ordre. Ton ancêtre, Adalbert, n'était qu'un humble paysan, parti guerroyer en Terre sainte, pour protéger les pèlerins. Il fut ennobli sur le champ de bataille et comprit ainsi la naturelle égalité des hommes. Frappé par la grâce, il renonça à la violence, apprit à lire, étudia, et découvrit le catharisme des origines. Voilà pourquoi ton nom est associé pour toujours à notre religion. Dès aujourd'hui, tu vivras comme un Parfait, tu ne mangeras plus de viande, tu ne toucheras plus une femme, tu abandonneras ton épée et renonceras à la violence, même pour te défendre. Tu vivras dans la vérité et la prière. »

Bernard s'y engagea avec ferveur. Cette cérémonie improvisée lui avait épargné les tourments d'un choix difficile. Il refusait pour l'heure de s'appesantir sur les vraies raisons de son renoncement : l'engagement total dans sa foi ou l'espoir insensé de revoir celle qu'il s'interdisait désormais d'aimer. Sa décision l'avait libéré. Son destin était désormais tout tracé. Il confia au Parfait l'existence du talisman. Ce dernier n'y prêta aucune attention, mais lui demanda de respecter le serment familial de ne point en dévoiler à quiconque le contenu.

Pour précaire qu'elle fût, la vie de la petite communauté de Castelsarrasin n'était pas désagréable, bénéficiant de la protection des consuls et, par intermittence, du comte, et de l'estime d'une partie de la population. Un catharisme discret était toléré. Les croyants étaient assez riches pour subvenir aux besoins de leurs prêtres. Il fallait simplement accepter de vivre dans la méfiance et la crainte de la délation.

La tâche des Parfaits était double : prêcher la bonne parole et apporter le consolament aux mourants, pour qu'ils puissent échapper au cycle infernal des réincarnations. Vu la dangerosité du monde pour les cathares, cette dernière mission devenait essentielle. Les croyants avaient appris à dissimuler l'existence de leur congrégation à l'intérieur du corps catholique de la société. Lorsque les deux Bernard parcouraient les routes, entre Toulouse, Montauban et Castelsarrasin, pour accomplir leurs devoirs religieux, ils devaient souvent recourir au « nuncius », celui qui savait où se cachait la communauté, pour entrer en contact avec elle. Ainsi, en cas de capture par l'Inquisition, ils ne pourraient révéler qu'un seul nom. En cheminant ainsi, Bernard de Cazenac découvrit sa religion de l'intérieur, dans la fragilité et la force de sa chair. Malgré sa culture raffinée, il n'en connaissait que les rudiments. Le soldat avait trop souvent étouffé en lui l'homme de foi.

Lorsque le Parfait prêchait, Bernard, silencieux à son côté, il s'adressait tout autant à lui qu'à ses ouailles. Le chevalier qui avait tant aimé l'art de dire des troubadours et les débats contradictoires où il faisait valoir sa finesse d'esprit apprit la jouissance mystérieuse du silence. Écouter, écouter en laissant le silence se faire en soi, accepter qu'il mûrisse comme miel en ruche. Apaiser ses passions, faire taire son amour-propre, laisser la place en soi pour que la Parole puisse y naître, s'y développer comme un enfant dans le sein de sa mère. Tous les mois, les Parfaits des communautés visitées devaient dénoncer leurs fautes vénielles devant un membre de la hiérarchie. Au cours de cet apparelhament[1], ils recevaient leurs pénitences, puis poursuivaient leurs tâches.

Devant l'assemblée de Moissac, où figuraient deux moines de la riche abbaye catholique, Bernard de Lamothe défendit la théorie de la mauvaise création. Il citait le prologue de l'Évangile de Jean : Au commencement était le Verbe... Toute chose a été faite par Lui, et sans Lui a été fait le néant. Dieu bon n'était pas responsable du néant du monde, de la mort et de son malheur. Il y avait deux mondes et deux Dieux créateurs. Les corps n'étaient que des tuniques de peau créées par le diable, des lieux de souffrance. Les âmes étaient tombées du ciel par la faute d'anges fornicateurs. Mises en prison dans la chair, elles se souvenaient du paradis céleste et aspiraient à y retourner. Les âmes n'étaient pas individuelles, mais parties de Dieu, elles formaient l'Esprit. Elles chutaient à cause de l'œuvre du diable, vivaient et souffraient, puis remontaient au plérôme pour s'incarner à nouveau, sous une forme humaine ou animale. C'est pourquoi tuer les animaux était un péché. Puisque bien et mal n'étaient pas de même nature, l'homme ne disposait pas de libre arbitre. Il n'avait pas de choix et devait juste suivre aveuglément la règle prévue pour faire son salut.

Bernard de Cazenac savait d'expérience que cela était vrai. Par orgueil, la plus grande des fautes, il avait cru pouvoir choisir sa vie, régner, combattre. Tout cela était vain.

1. Confession publique suivie de pénitence, dans la religion cathare.

30

Plusieurs années passèrent ainsi. Bernard suivait son maître, travaillait à se perfectionner, mais s'avérait un disciple rétif. Deux hommes cohabitaient en lui depuis sa naissance, comme si le Dieu de bonté et le mauvais démiurge s'étaient, chacun à son tour, penchés sur son berceau. L'être de violence bouillonnait toujours dans son sang trop vif. Celui qui aimait jouter en tournoi, chasser les fauves et faire la guerre, qui ne se plaisait qu'à briser des lances, trouer des écus, fendre des heaumes et donner des coups, avait bien du mal à dominer sa nature brutale. Catholique ou cathare, l'éducation religieuse des chevaliers ne faisait que canaliser leurs forces vers une violence toujours plus grande. « Cela vient de ton corps, de ton enveloppe charnelle créée par le diable », lui disait Bernard de Lamothe.

Mais le seigneur cathare ne pouvait renier ce qu'il était. Avec ce corps, il avait aimé Alix et connu le bonheur auprès d'elle. Il lui aurait fallu oublier ce paradis terrestre, le condamner comme illusion, pour découvrir l'extase religieuse. Alix avait réussi ; lui ne le pouvait pas. Grâce à sa vive intelligence, il intégrait sans difficulté la philosophie cathare dans ses moindres détails : il aurait pu être un redoutable prêcheur. Toute sa science des lettres, son art de troubadour, il l'exerçait à présent à débattre de théologie et de sciences bibliques. Mais cela restait cantonné dans sa tête ; l'âme ne suivait pas. Il ne se concevait pas comme ces religieux tout entiers acquis à leur foi. Il s'abandonnait à la vie cathare, suivait la règle à la lettre, sans jamais l'imprimer dans son cœur.

« Quand me conduirez-vous à Montségur ? demandait-il souvent.

— Pas encore. Tu n'es pas prêt.

— Je respecte la chasteté depuis mon serment.

— Mais tu aimes encore trop la vie, le luxe, la matière. N'as-tu pas encore consommé de la viande, le mois dernier, à Bruniquel ?

— C'était pour donner le change aux agents du roi.

— Tu ne dois pas mentir, même à eux. Y as-tu pris du plaisir ? »

Le chevalier hésita. Oui, le souvenir de la bonne chair le faisait saliver. Il répondit par l'affirmative.

« Tu vois bien ! Cela aurait dû te faire vomir. Ne t'es-tu pas opposé violemment à un membre de la communauté de Montauban ?

— Il m'avait insulté !

— Tu n'es pas assez humble. La vie même est une insulte à la face de Dieu. Tu n'as pas encore assez rabattu ton orgueil. »

Bernard de Lamothe poursuivait ses prêches pour l'éducation du peuple et de son « socius ».

« Pourquoi la lumière du Christ n'apparaît-elle pas spontanément à tous les hommes ? demanda le diacre de Montauban.

— Il faut cacher la lumière dans la boue de la création, pour libérer les diamants de l'esprit. Le Christ est comme un pélican, un oiseau aussi brillant que le soleil, et qui sauve ses petits de la famine en s'offrant à eux. En descendant les sept cieux, Il prit l'aspect des anges de chacune des sphères célestes, avant d'apparaître sous la forme illusoire d'un homme. Sans corps réel, sans vie biologique et sans souffrance, Il est venu sauver le genre humain.

— Les inquisiteurs, les Français, leurs âmes sont maudites. Pourquoi devrions-nous ne pas les haïr, et les tuer comme des cancrelats, ces animaux qui n'ont été créés que par le diable ?

— Parce qu'un jour, les brebis perdues accéderont à la vision divine. Au jour du Jugement dernier, tous les hommes seront sauvés.

— Les méchants ne seront-ils pas punis par l'enfer ?

— Il n'y a pas d'autre enfer que ce monde terrestre. Tous les humains seront rachetés, bons ou mauvais, même les juifs et les sarrasins. »

Le diacre de Montauban paraissait sceptique. Bernard comprit qu'il devait apprendre à aimer ses ennemis, ses frères en humanité et en malheur. Parviendrait-il à pardonner à l'âme de Simon de Montfort, pour le bûcher de Blanche, sa fille ? Son propre salut était à ce prix. Mais il n'était pas encore prêt.

En l'an 1234, le comte de Toulouse Raymond VII, sous la pression de l'Église, accentua la répression contre les cathares, et entreprit de chasser les faidits de ses terres. La communauté de Castelsarrasin dut prendre de nouvelles précautions. Elle survivait néanmoins, en comité fermé. Au fil des années, Bernard de Lamothe sentait la foi cathare fuir les cœurs toulousains. Ils ne formaient plus qu'une petite élite déterminée, dont les effectifs fondaient au gré des bûchers et de la peur.

Guillaume Faure, qui les abritait dans sa demeure discrète de Pech Hermier, était questeur pour l'ordre cathare. Homme d'absolue confiance, il conservait une partie des avoirs de l'Église qui servaient à acheter des complicités auprès des juges et des gardiens de prison, afin de faire évader les amis arrêtés. Parfois, il fallait payer des émeutiers pour prendre d'assaut la geôle. L'Église cathare n'hésitait plus à se défendre, malgré sa non-violence affichée. Les simples croyants, qui n'avaient pas prononcé le consolament, s'introduisaient la nuit dans les maisons des délateurs pour les poignarder dans leur lit ou les enlever et précipiter leurs corps au fond d'un ravin. Bernard enrageait de ne pouvoir se joindre à ces sicaires. Le guerrier bouillonnait en lui.

« Je n'ai pas encore prononcé mon serment !

— Tu n'y arriveras jamais si tu te couvres de sang. »

« Notre trésor n'est plus en sécurité chez moi, dit un jour Guillaume Faure. Les soupçons m'entourent et je vais devoir quitter la ville. Il faut mettre en lieu sûr les dépôts des Parfaits dans notre sanctuaire de Montségur. »

Bernard de Lamothe se tourna vers le chevalier de Cazenac. « Tu vas enfin pouvoir retrouver Alix. Mais auparavant, tu vas recevoir le consolament qui fera de toi un Bon Chrétien. Il est temps. » Bernard fut un instant pris de panique.

« Je ne suis pas prêt ! Je ne suis pas assez instruit…

— Ce n'est pas toi qui juges de l'instant. »

Le lendemain, lorsque Bernard de Lamothe lui imposa les mains, le bénissant, selon saint Paul, de feu et d'Esprit saint, il devint un croyant revêtu, un prêtre cathare. Ils se mirent en route pour Toulouse. Portant, dissimulés dans son manteau, les cinq cents sous toulzas de la communauté, Bernard de Cazenac était un autre homme, un Parfait cheminant aux côtés d'un autre Parfait, son alter ego.

« Où allons-nous loger dans Toulouse ? demanda le chevalier.

— Chez la belle-mère d'un de nos questeurs, Peytavi Borsier. J'ai appris qu'elle était au plus mal ; je dois lui administrer le consolament des mourants. »

31

Toulouse, 1240.

Ils étaient en vue des murs de la cité rose. L'activité était foisonnante à l'approche d'une si grande ville. Des chariots chargés de marchandises et une foule de piétons franchissaient la porte fortifiée sous les yeux de gardes débordés par les événements. Ainsi, la vie reprenait force et vigueur, une vie différente, d'où les Bons Chrétiens étaient absents.

« C'est le moment. Allons-y ! » Le visage dissimulé sous le capuchon de leur manteau bleu nuit, ils passèrent l'obstacle sans se faire remarquer, cachés parmi les manants. Ils firent quelques pas dans la capitale occitane. Soudain Bernard de Lamothe sentit qu'on lui agrippait le bras ; il se retourna et écarquilla les yeux d'étonnement : Peytavi Borsier se tenait devant lui.

« Ne devions-nous pas nous retrouver chez dame Brunissende, ta belle-mère ?

— Ah, messire de Lamothe ! Cela fait trois jours que je guette votre arrivée. Vous devez vous cacher ; dame Brunissende a été brûlée.

— Comment cela se peut-il ?

— L'évêque de Toulouse, le dominicain Raimon de Fauga, est plus rusé qu'un loup. Il soupçonnait ma belle-mère depuis longtemps. Quand il a su qu'elle était à toute extrémité et que la fièvre la faisait délirer, il s'est rendu auprès d'elle en se faisant passer pour un Parfait et lui a tiré une confession des plus cathares.

— "En l'état où vous êtes, lui a-t-il dit, j'imagine que vous ne vous souciez plus beaucoup des misères de cette vie et que vous ne vous mettriez pas en peine de mentir. Aussi bien, je vous exhorte à rester ferme dans votre croyance. Vous ne devez pas, par crainte de la mort, en confesser d'autre que celle que vous croyez de cœur et fermement.

— Monseigneur, répondit dame Brunissende d'une voix encore forte malgré le mal qui la rongeait, je crois comme je vous l'ai dit, et ce n'est pas pour ce qu'il me reste de pauvre et misérable vie que je changerai de foi." Et elle avoua tout ce qu'elle savait sur notre communauté.

— L'évêque ricana et lui déclara : "Vous êtes hérétique ! Vous avez confessé la foi des cathares. Je suis l'évêque catholique de Toulouse et je vous ordonne de renier vos convictions."

— La vieille femme refusa. Aussitôt, Raimon de Fauga fit venir le viguier et des témoins dc bonne confession. Il la jugea et la condamna sur place, toute vieille et malade qu'elle était. Puis quatre sergents soulevèrent le lit et la portèrent ainsi, mourante, jusqu'au Pré-au-Comte où ils furent très contents de la brûler.

— Quel malheur que notre temps, murmura Bernard de Lamothe.

— J'ai prévu de vous cacher au Bazacle, dans un quartier populeux habité par des artisans et des jardiniers, fidèles pour la plupart à notre cause. »

Ils cheminèrent en silence, perdus de peine devant les souffrances de leur religion. Ils arrivèrent devant une maison à étage, humble mais solide, à la façade sculptée de têtes. Elle respirait la discrétion et la respectabilité.

« Elle appartient à la communauté des croyants de Toulouse. Je vais vous en montrer les secrets. »

La demeure se révéla être une vraie boîte à malices. La grande armoire cachait, derrière son double fond, une loge qui pouvait abriter quatre personnes en cas de perquisition. Une trappe ouverte dans le plancher donnait sur de vastes caves voûtées d'où l'on pouvait s'enfuir par les égouts. « Des voisins sûrs vous nourriront et je veillerai sur vous », leur assura le questeur.

Les deux Bernard restèrent plusieurs mois dans la capitale toulousaine, sortant le moins possible, uniquement pour apporter le consolament et permettre à un croyant de faire une bonne fin. Une fois par semaine, Bernard de Lamothe réunissait les fidèles pour prêcher la bonne parole, distribuant cette instruction qui se transmettait d'individu à individu, comme un feu de forêt passe d'arbre en arbre.

« Pourquoi salue-t-on l'impétrant comme une femme, puis comme un homme ? demanda un jour Bernard de Cazenac devant l'assemblée.

— Parce que le consolament célèbre le mariage spirituel de l'esprit resté au ciel avec l'âme qui est tombée sur terre par la trahison d'anges déchus. Cette union mystique est le seul sacrement de notre religion. Le mariage que prétend consacrer l'Église romaine n'est que tromperie et coucherie. »

À ce moment, Peytavi Borsier entra dans la salle de réunion et vint murmurer quelques mots à l'oreille des Parfaits.

« Hélas, s'écria Bernard de Lamothe, un grand malheur vient de frapper l'assemblée des Bons Chrétiens, en même temps qu'un grand bonheur pour deux âmes qui viennent de regagner le plérôme céleste. Le même jour, à Montségur, notre évêque Guilhabert de Castres et la grande Esclarmonde de Foix ont abandonné leurs tuniques de chair et rendu leurs âmes à Dieu. Jamais union plus chaste ne fut connue sur terre ! »

La communauté resta atterrée, abasourdie, comme égarée d'avoir perdu des guides aussi précieux. Elle s'abandonna à la prière. Peytavi Borsier s'approcha de Bernard de Cazenac. « Je me suis rendue à Montségur pour mettre à l'abri le trésor dont j'étais dépositaire, ne gardant à Toulouse que le strict nécessaire. Sous la coupe de l'Inquisition, la cité est mal vivante. J'ai vu Alix, celle qui fut ton épouse. Elle va bien et te salue. »

« Vous voilà donc évêque de Toulouse, dit le chevalier à son "socius", quelque temps après la cérémonie. Qui allez-vous désigner comme coadjuteur ? » Sans répondre à la question, Bernard de Lamothe regarda son ami avec des yeux pleins de tristesse.

« Es-tu prêt à gagner Montségur ?

— Pour vous, monseigneur, j'irai au bout du monde.

— Et sans moi, iras-tu à Montségur ?

— Sans vous ?

— Des événements graves se sont produits et la fin des temps est proche pour nous. Pierre Roger de Mirepoix, le chef militaire de Montségur, a conduit une expédition punitive sur Avignonet, au sud de Toulouse, en pays lauragais. Les inquisiteurs Guillaume Arnaud et Étienne de Saint-Thibery y avaient allumé une trentaine de bûchers. La petite troupe s'est introduite dans le château d'Avignonet, le jour du 27 mai 1242, avec la complicité du bayle Ramon d'Alfaro, et y a massacré les agents de l'Église et leur suite à coups de hache, après les avoir surpris dans leur sommeil. “Votre coupe est brisée”, a déclaré Guillaume Azema à son ami Pierre Roger qui avait réclamé la tête des inquisiteurs pour en faire des hanaps.

— Les pauvres gens », murmura Bernard de Cazenac.

Il pensa intérieurement qu'il y a peu, il se serait réjoui de ces meurtres. La paix le gagnait peu à peu avec la pitié ; la grâce était en chemin.

« Le plus grave, continua Bernard de Lamothe, c'est que le roi de France a décidé d'en finir avec Montségur. Il faut que tu rejoignes au plus vite la forteresse, avant que l'encerclement ne soit total, et en fasses partir la communauté. Montségur est perdu ! Tu es un bon militaire, tu peux réussir à évacuer la place et à conduire les fidèles en Italie. »

Bernard blêmit en pensant à Alix. Elle était en danger, il devait voler à son secours.

« Je vais te fournir un guide sûr qui te conduira au château saint.

— Vous ne venez pas avec moi, messire ?

— Mon destin est à Toulouse. Je suis trop recherché ; mes prêches ont été dénoncés et je te mettrais en danger en t'accompagnant. Toi, ils t'ont oublié ; tu n'es plus qu'une silhouette sombre sur la route. »

Le chevalier songea un instant à la fragilité de la gloire et des victoires terrestres.

« Mon destin est de périr brûlé à Toulouse. Bertrand Marty est devenu l'évêque de la communauté ; il est déjà sur place. Pars ! Va à Montségur, redeviens un chef et sauve-les ! »

Les deux Bernard se donnèrent une longue et fraternelle accolade, conscients de ne jamais se revoir dans cette enveloppe corporelle.

32

Pierre Bastit, le « ductor » des cathares sur le chemin de Montségur, avait averti Bernard. « Le chemin sera rude, parsemé de dangers, et les pièges peuvent venir autant des humains que de la nature. »

Les deux hommes gagnèrent les égouts de Toulouse, pataugeant dans l'eau nauséabonde. Alourdi par le trésor qu'il portait sur lui, Bernard craignait à tout instant de glisser et de se noyer. Une brèche, percée dans le mur d'une maison adossée aux remparts, leur permit de quitter la ville clandestinement. Piquant plus au sud, ils traversèrent le plat pays, s'abritant dans des fermes tenues par des paysans amis, des « receptores » qui acceptaient d'héberger les croyants en route pour Montségur. En évitant soigneusement les villes, Auterive, Saverdun, Pamiers, où sévissait l'Inquisition, ils entrèrent dans le comté de Foix. Bernard sentait une étrange excitation le parcourir, comme avant une bataille. Il s'approchait d'Alix, son but.

Le chemin dominait des villages aux belles terres dont ils n'osaient s'approcher. Les toits bien ordonnés, les murs solides, les jardins prospères les attiraient comme le miel les mouches. Ils avaient soif de civilisation et faim de bons repas. La fumée qui sortait des cheminées travaillait leur imagination et leur estomac. Bernard aurait parfois donné tout l'or qu'il portait pour faire ripailles d'aliments chauds. Mais il fallait se méfier des lieux habités où la délation pouvait précéder de peu le bûcher. Ils se savaient recherchés et devaient prendre l'Inquisition de vitesse. « Nous devons rester sur nos gardes, aussi bien avec les bons croyants qu'avec les catholiques, dit Pierre Bastit. Les seconds nous livrent à leur évêque et les premiers refusent de mentir devant les moines enquêteurs. »

Ils passèrent la nuit à Ussat, dans une étrange grotte fortifiée, la spoulga de Bouan. Ils y allumèrent un maigre feu. « Toute la région est ainsi creusée de cavernes prêtes à accueillir les pèlerins, dit Pierre. Ici commence la montagne. La prudence doit nous servir de guide : l'armée du roi patrouille. »

La route montait toujours. Leur chemin suivait celui des troupeaux de moutons conduits par leurs bergers. Les bêtes, fraîchement tondues, partaient pour les estives sous la garde de grands chiens blancs, souvent féroces. Ils entendaient de loin les claquements des petits sabots sur le sol caillouteux. Les pâtres avaient leur sympathie ; la belle saison les rendait solitaires, loin des hommes, loin des églises. Ils savaient que plusieurs d'entre eux, qui partageaient leur conviction, partaient pour la tolérante Espagne et ne reviendraient pas. Les deux nuits suivantes, ils prirent un peu de repos dans de pauvres maisons, à Château-Verdun, puis à Lordat. La montagne formait une muraille infranchissable ; son règne minéral avait quelque chose de menaçant, parfois plus effrayant que la flamme des bûchers, une présence perpétuelle qu'aucune mémoire d'homme ne se souvenait avoir vue naître, une force indifférente à leurs malheurs. À leurs pieds, les villages perchés levaient fièrement leurs clochers pointus dans le matin bleu. Le soleil commençait à allumer d'or les murettes qui permettaient la culture en étages. Pierre le conduisit devant un chaos rocheux : une déchirure s'ouvrait dans la falaise. « D'ici part un sentier très escarpé qui conduit à Montségur. »

Le raidillon grimpait le long de la montagne, frôlant des abîmes, disparaissant parfois dans le rocher sans laisser plus de traces qu'un isard. Puis il plongeait vers quelque vallée sèche, se perdait dans un bois touffu et bas. Il croisait parfois une cabane abandonnée. « Ici vivait la Parfaite Algaïa, dans la solitude et la prière, disait le guide. À présent, elle a rejoint Montségur. C'était devenu trop dangereux. »

Le plus souvent, Bernard restait silencieux. Par deux fois, ils durent se cacher dans les buissons pour laisser passer une troupe de cavaliers. « Nous approchons. C'est une patrouille chargée d'interdire l'accès au pog. »

Enfin se dressa devant eux le vertigineux pic couronné de son petit château. Tout autour, les montagnes protectrices semblaient danser en tutoyant le ciel. Cette flèche décochée vers les nuées, telle une cathédrale érigée par la nature, fut pour Bernard une vision de délivrance, de Terre promise.

« Alix ! Elle est en haut. Elle m'attend. Je marche vers elle.

— Restez caché, messire chevalier, s'écria Pierre Bastit à l'adresse de Bernard qui s'avançait imprudemment à découvert. Les hommes du roi surveillent jusqu'au premier tiers de la pente. Ensuite, nous pénétrerons dans le domaine des Parfaits. »

Sautant de roche en roche, de buisson en buisson, les deux hommes parvinrent jusqu'au lieu de sauveté. Des mercenaires les conduisirent à l'intérieur du minuscule château. Et Bernard vit Alix.

Elle s'avançait vers lui. Elle tenait dans ses mains le livre saint. Elle s'agenouilla devant lui, l'adorant comme un Parfait. Il fit de même pour marquer leur absolue égalité. Puis elle posa ses lèvres sur l'Évangile de Jean et le lui tendit. Il embrassa à son tour le volume de la loi sacrée, déposant un baiser à l'emplacement exact qu'elle avait béni. Ils n'avaient pas échangé un mot. Il la regarda. Ses cheveux noirs se marquaient de mèches grises, sa haute taille était un peu voûtée, son visage, marbré de rides. Il plongea son regard dans le sien. Ses yeux étaient toujours ceux de la jeune fille altière et déterminée qui avait récompensé le vaillant chevalier en ce jour lointain du tournoi de Turenne. C'était le regard innocent de Blanche, leur fille. Il y lut la fierté de voir son époux terrestre devenu un Parfait de la foi cathare. Il l'aimait de toute son âme, par-delà l'âge et la vieillesse qui s'emparaient de leurs os et de leurs chairs. Il aimait son corps de gloire.

Autour d'eux, les habitants de Montségur, croyants et mercenaires, s'étaient rassemblés. Entre le signal du

Saint-Barthélemy, couronné de nuages, et le pech de Roquefixade, un rayon de soleil perça, se posa sur eux et les nimba de lumière.

« Hourra ! cria la population. Nous avons perdu messire Guilhabert et dame Esclarmonde, et l'astre du jour s'était éteint. Nous avons retrouvé un couple céleste, une parfaite syzygie[1]. L'espoir est de retour. »

1. Dans le christianisme gnostique, couple céleste représentant l'union des contraires, l'harmonie.

33

Montségur, 1243.

Montségur formait un monde à part, unique dans l'histoire des Bons Chrétiens : un village tout entier dédié au catharisme, où toute la population pratiquait une même religion, sans compromis ni peur de dénonciation, où tous vivaient au rythme des rites et des prières, unis dans un même but, une même ferveur, une même espérance. Bien au-dessus des tourmentes d'un monde ravagé par la tempête des croisades et de l'Inquisition, c'était un îlot préservé, un microcosme entre ciel et terre sur le chemin du salut. Malgré une situation géographique à l'écart de tout et un environnement inhospitalier, Montségur semblait un morceau de paradis. L'Église cathare avait longuement hésité avant de s'installer dans ce réduit qui pouvait s'avérer un piège. Isolé, malcommode, de piètre surface, Montségur ne pouvait convenir qu'à ceux qui avaient abandonné le confort terrestre. Sans terroir agricole, les cathares devaient importer toute leur nourriture, avec le risque de mourir de faim, car tout commerce avec les hérétiques était interdit aux catholiques. C'était aussi une création de femmes. En 1204, Fornesia de Pereille, Parfaite, avait demandé à son fils Raimon d'y établir une place forte pour accueillir les croyants. Esclarmonde de Foix l'avait soutenue dans ce projet. De ruines vénérables était né un petit fortin et un village en étages. Aussitôt, les Parfaits avaient afflué de toutes parts, régulièrement visités par les plus hauts dignitaires parmi les Bons Chrétiens. De cette capitale religieuse, les ministres partaient pour de dangereuses missions pastorales dans le plat pays ; d'autres, plus âgés, s'occupaient des résidents. De toute l'Occitanie, les Parfaits venaient, au péril de leur vie, chercher des ordres et s'instruire auprès de leurs chefs. À partir de 1232, Guilhabert de Castres, évêque de Toulouse, y trouva refuge. Montségur devint dès lors la capitale spirituelle d'une Église cathare mise hors la loi par le comte Raymond VII. Pour le monde catholique, ce fut un abcès de fixation. Les regards haineux de l'Inquisition et du pouvoir royal se tournèrent avec insistance vers la « tête du dragon ». À peine toléré, ne justifiant pas l'intervention d'une armée pour un si médiocre et insignifiant objectif, Montségur poursuivait son existence loin des humains.

Près de cinq cents personnes vivaient sur cette terre ingrate où nulle agriculture n'avait jamais pu se développer. Tout l'approvisionnement provenait du plat pays, apporté pieusement par des croyants déterminés. La moitié des habitants se regroupait en plusieurs communautés religieuses, hommes et femmes rigoureusement séparés.

Selon la tradition, les Parfaits travaillaient, mais désormais en autarcie complète, fabriquant tout le nécessaire à la vie d'un village. Ils tissaient, cousaient, bâtissaient des murs, élevaient des charpentes, forgeaient des outils. Le meunier était Parfait, la boulangère aussi. Des générations de Parfaites y tenaient maison, telle Marquesia de Lanta, sa fille Corba de Pereille, épouse du seigneur de Montségur, et sa petite-fille Esclarmonde.

L'autre moitié de la population était constituée par les nobles et les militaires, le seigneur Pierre Roger de Mirepoix à leur tête. Ces soldats conservaient auprès d'eux leur famille quand leurs épouses n'avaient pas encore rejoint le clan des religieuses. Une quarantaine de gentilshommes formaient à eux seuls un village particulier, où ils se mariaient et élevaient leurs enfants. Une cinquantaine de sergents d'armes, mercenaires au service de leur seigneur ou du mieux-payant, vinrent renforcer la défense de la place, accompagnés de leurs femmes ou de leurs maîtresses. On ne leur demanda pas s'ils étaient croyants, mais tous acceptèrent de vivre comme les autres. En avril 1243, suite au massacre des inquisiteurs d'Avignonet, l'Église catholique avait décidé que l'heure était venue de décapiter l'hydre. À la tête d'une armée de six mille hommes, Hugues des Arcis, sénéchal de Carcassonne, et Pierre Amiel, archevêque de Narbonne, entreprirent d'encercler la montagne, coupant Montségur de ses bases.

Arrivé quelques mois plus tôt, Bernard de Cazenac comprit vite la difficulté qui l'attendait. Dans un premier temps, tout à sa joie d'avoir retrouvé Alix, il se fondit dans la société des Parfaits à laquelle il avait adhéré un an auparavant. Il travaillait avec ardeur, soignant les chevaux ou réparant les outils. Cette humble tâche de palefrenier lui convenait ; elle libérait son esprit pour la prière et la réflexion, tout en fatigant son corps. Il ne pouvait voir Alix autant qu'il le souhaitait. Hommes et femmes restaient séparés, et elle évitait de le croiser trop souvent. Seules les cérémonies religieuses quotidiennes les réunissaient.

« Pourquoi me fuis-tu ? parvint-il à lui glisser.

— Parce que je crains de faillir à mon engagement.

— C'est donc que tu m'aimes encore.

— Je t'aime comme tous les êtres humains de ce monde. Je veux faire mon salut. J'ai trop lutté contre ma nature, mes désirs, la victoire a été trop cher payée pour renoncer maintenant.

— Moi je n'ai rien oublié de ce qui nous unissait.

— As-tu oublié notre fille Blanche ? Nous devons la rejoindre, et pour cela, il nous faut libérer notre âme. Nous avons tous deux adhéré à l'Église cathare pour faire bonne fin. Ne cherche plus à me voir ! »

Parfait de fraîche date, Bernard comprit qu'elle était plus avancée que lui sur ce chemin. Il n'avait pas rompu toutes ses attaches avec le monde. D'autant moins que Bernard de Lamothe l'avait chargé d'une mission précise et bien terrestre : évacuer Montségur. Il sentait avec douleur tout ce qui le séparait encore d'Alix, ce manque de conviction qui le taraudait dans sa marche vers la perfection. Il s'en ouvrit à l'évêque cathare.

« Chez tous les animaux, le mâle est plus brutal, plus féroce, plus méfiant ; la femelle, plus docile et intelligente. Pourquoi en serait-il autrement chez les humains ? »

Il continuait de traîner sa carcasse de guerrier qui empêchait la libération de son âme. Il pensait que seule la mort ferait son salut, en détachant l'esprit de la matière. Mais il ne pouvait songer à mourir, pas encore.

« Vous perdez votre temps et vos talents dans ce travail de domestique, lui dit un jour Pierre Roger de Mirepoix. Vous êtes noble, et fier combattant. Venez nous aider à défendre la citadelle ! »

Le goût du combat, l'ardeur des batailles attiraient toujours Bernard. Il avait passé près de quarante ans de sa vie à se battre. Une seule année de prêtrise ne pouvait effacer cela. Lorsqu'il parla de sa mission à Pierre Roger, celui-ci se mit en colère.

« Évacuer Montségur ! Vous n'y pensez pas. Nous résisterons par la force, et, s'il le faut, négocierons notre retraite, comme tout bon soldat. Mais les communautés religieuses n'accepteront jamais de quitter la montagne sacrée. »

Consulté, l'évêque Bertrand Marty lui dit avec une extrême douceur : « Mon frère Bernard, ici, nous sommes presque au ciel. La moitié du chemin est déjà faite. Tu voudrais que nous replongions tous dans l'enfer du monde ? Vois-tu, je crois que la route s'arrête pour nous tous en ce lieu magique. Interroge-les, pas un Parfait, ni une Bonne Chrétienne, n'acceptera de partir. »

Bernard pensa avec terreur à Alix. Ne l'avait-il retrouvée que pour la perdre définitivement ? Il s'apercevait, horrifié, de la confusion de son esprit. S'il aimait Dieu, c'était à travers l'amour qu'il portait à son épouse. Même si leurs corps ne se retrouvaient plus dans de douces étreintes, il conservait pour elle une passion ardente, plus profonde encore depuis sa conversion. S'il ne pouvait sauver du bûcher la communauté de Montségur, il la sauverait elle. Il se souvint de son séjour à Cabaret, auprès de la sulfureuse Loba. C'était si loin maintenant ! Ce n'était pas la sensualité qui le taraudait à présent, mais le voyage. Cabaret était le point de départ des Parfaits pour l'Italie. L'Italie qui comptait encore sept évêchés dédiés aux Bons Chrétiens. Cabaret était tombé, mais la route de la Lombardie restait ouverte. Il y conduirait Alix.

« Fuyons ensemble, tous les deux. Là où une troupe ne pourrait passer, deux individus réussiront. Partons pour l'Italie ; les cathares sont encore tolérés en Lombardie, autour du lac de Garde. Sirmione est une forteresse plus sûre que Montségur ; aucune armée ne la menace. Nous y fonderons chacun notre communauté, pour la plus grande gloire de notre religion. »

Alix le regarda avec tristesse. Cette espérance en un futur terrestre, ce désir de vie qui animait Bernard, lui était devenu totalement étranger. Elle aspirait de tout son être à la paix du tombeau. « Tu me parles de gloire là où je ne veux voir que le salut. Qu'importent nos idées ! Le catharisme est moribond, et moi je suis déjà morte à ce monde. Ne me tourmente plus ! »

Bernard toucha son bijou d'argent sous sa tunique : croyait-il encore en sa vertu salvatrice ? Il s'éloigna en murmurant pour lui-même : « Je la sauverai malgré elle. »

34

Montségur, hiver 1243-1244.

L'hiver était tombé sur Montségur. Une fine couche de neige recouvrait le sol et les sommets. Le ciel plombé, la roche noire et sinistre, le froid mordant ravageaient le moral des assiégés, autant que les privations. Le col de la Peyre était fermé ; l'approvisionnement ne passait plus les lignes qu'irrégulièrement et l'on avait faim. Mais les rigueurs hivernales avaient calmé l'ardeur batailleuse des assaillants. Les escarmouches se faisaient rares. Chacun se pelotonnait au coin du feu. Glacées de mauvais vent, les sentinelles battaient la semelle et la surveillance se relâchait.

« Alerte ! Alerte ! Ils ont pris le roc de la Tour ! » Le garde ensanglanté venait de réveiller le fortin. En un clin d'œil, les défenseurs quittèrent la douceur tiède de leur paillasse pour gagner la cour. Les soldats du roi venaient de s'emparer d'une tour isolée, à l'est du plateau, après avoir égorgé la garnison. Hugues des Arcis avait engagé un groupe de montagnards gascons qui, avec une folle témérité, avaient escaladé, de nuit, le pog, par la face la plus escarpée, s'accrochant désespérément aux roches verglacées. Mètre après mètre, ils avaient progressé le long de la paroi verticale, la bouche fermée d'un bâillon de tissu, afin que l'on n'entende pas les cris de ceux qui tombaient dans le vide. Dans le noir absolu d'une nuit sans lune, le poignard au côté à l'abri d'un fourreau de cuir, ils semblaient suspendus dans le néant d'avant la création. Au matin, lorsque les premiers rayons du jour éclairèrent la scène, certains d'entre eux, en découvrant le chemin emprunté, virent leurs cheveux blanchir d'un coup. Sans un regard pour les sentinelles exécutées, ils lancèrent des cordes pour aider les archers à prendre position sur la plate-forme.

« Ils ont pris pied sur le plateau ; nous sommes perdus », murmura Pierre Roger de Mirepoix.

Les Parfaits s'abîmèrent en prières. Habitué aux sièges et fin connaisseur de la tactique militaire, Bernard évalua la situation, mesura le danger et l'urgence d'une action décisive. Cela faisait des mois qu'il balançait entre le désir de se battre et l'aspiration au salut de son âme. Avec le danger immédiat, le monde terrestre l'attirait irrésistiblement. Déjà, l'idée d'abandonner les siens pour sauver Alix s'était tout entière emparée de lui. Trahir sa mission, son devoir, par amour pour elle ! Alors abandonner toute espérance divine pour faire ce qu'il faisait le mieux : se battre, ne lui prit que quelques instants de réflexion. Il s'écria : « C'en est trop ! Nous ne pouvons nous laisser occire comme des moutons que l'on offre en sacrifice. Je m'y refuse. » Rejetant son manteau sombre, il s'empara de son épée.

« Bernard ! Tu as renoncé à la violence. Tu vas perdre le bénéfice de ton consolament et souiller ton âme. » Le visage d'Alix était devenu blême, horrifiée qu'elle était par ce geste impie.

« Eh bien, j'y renonce. L'heure n'est plus aux prières ; il faut sauver Montségur. Qui m'aime me suive », lança le chevalier.

Une centaine de soldats se précipita à sa suite. Ce fut un combat acharné qui dura toute la matinée. Les plus intrépides, qui couraient à l'attaque avec une ardeur désespérée, furent fauchés par une pluie de traits. Les corps s'entassaient au pied de la tour que défendait un groupe d'arbalétriers. Le maigre sentier et la porte étroite ne permettaient qu'à quelques hommes de lutter en même temps. Dix fois, vingt fois, les sergents d'armes montèrent à l'assaut avec le courage de ceux qui n'ont plus rien à perdre, tentant de bousculer cette poignée d'audacieux qui avait pénétré le corps sacré de la montagne. Les assiégeants firent montre d'un courage remarquable, opposant leurs poitrines aux lames de leurs adversaires, périssant en grand nombre. Les carreaux des tireurs causaient des ravages dans les rangs des cathares. Malgré leur vigueur, ils ne purent reprendre la place. Bernard avait échoué ; il avait sacrifié pour rien sa pureté.

Les sergents du roi disposaient à présent d'une voie d'accès sur le pog et d'un point d'appui pour y combattre. Patiemment, lentement, pièce après pièce, les éléments d'un trébuchet furent hissés au sommet de la montagne et assemblés sous les ordres de Durand de Beaucaire, l'évêque ingénieur d'Albi. De lourdes pierres s'abattirent sur la barbacane. La première volée de boulets se fracassa sur les murailles avec un bruit effroyable. Tous se turent, attendant la suite. La catapulte commença à battre le rempart à intervalles réguliers. Bien que bâties de pierres dures et de mortier rugueux, les courtes fortifications semblaient devoir s'effondrer à chaque tir. Les défenseurs de Montségur sentaient le sol et les parois trembler sous eux, et eux-mêmes tressaillaient de peur.

Terrifiés, assurés de leur perte, un bon nombre de croyants demandèrent à faire la « convenanza[1] ». Le catharisme exigeant que le fidèle soit conscient et de bonne foi au moment où il s'engageait dans le consolament des mourants, beaucoup de combattants craignaient de ne pas avoir le temps matériel de dire la prière avant de rendre leur âme à Dieu. Avec l'accord des religieux, ils récitaient donc le rituel auprès des Parfaits, demandant au Seigneur de les mener à bonne fin, concluant ainsi un pacte avec l'Église des Bons Chrétiens. En ce jour de Noël 1243, défendus par une armée de morts-vivants, la plupart des habitants de Montségur n'attendaient plus que le trépas.

L'espoir leur fut rendu par l'arrivée inopinée, une semaine plus tard, d'un ami de Bernard, le Quercynois Bertrand de la Vacalerie. Cet ingénieur de Capdenac avait pu pénétrer, de nuit, jusqu'aux abords du fortin. Il proposa tout simplement de donner réplique à l'armée

1. Dans la religion cathare, convention passée entre un fidèle et un Parfait qui attribue au premier, par anticipation, les bienfaits du consolament.

royale en édifiant une catapulte. « Bravo pour l'ingénieur quercynois », s'écria Pierre Roger de Mirepoix en lui donnant une bourrade amicale dans le dos. Mettons-nous au travail. »

Jusqu'à Carnaval, pendant plus d'un mois, le sommet du pog résonna sous les ahans des servants des machines, le cinglement des cordes, le claquement des boiseries et le sifflement des projectiles qui s'achevait par un bruit sourd d'écrasement. Le duel d'artillerie équilibrait les forces. Au pied du pog, la grande armée du roi pataugeait dans la boue. Le moral des troupes déclinait malgré l'approche du printemps. Les soldats, inactifs, s'ennuyaient ferme dans ce qui n'était plus qu'une opération de police. Ils se sentaient inutiles et leurs chefs ne les maintenaient en poste qu'avec la promesse d'une forte prime.

« Il n'est pas acceptable qu'un moucheron s'oppose ainsi aux troupes du roi et de la sainte Église, maugréait Hugues des Arcis, furieux de se voir immobilisé depuis près d'un an, dans un lieu désert, loin de tout, par une poignée d'hérétiques.

— Faites-moi confiance, messire sénéchal, je vais écraser cette coquille de noix. »

Durand de Beaucaire s'attela à la tâche. De nouveaux éléments, encore plus lourds, furent hissés sur le pog. Bien des ouvriers périrent en chutant dans les précipices, entraînés par le poids de leur encombrant fardeau. Mais en deux semaines, l'évêque d'Albi avait érigé la plus gigantesque catapulte qu'ait connue la chrétienté. À peine tenait-elle sur le minuscule éperon rocheux. Les servants opéraient à moitié dans le vide et les pesants projectiles s'agglutinaient sur la pente, retenus pas des cales de bois. Les éléments se mirent de la partie, comme si le ciel avait choisi son camp : le froid devint sec, le vent chassa les nuages. Le brillant soleil d'hiver donnait une visibilité parfaite sur Montségur.

La catapulte écrasa le village de toile et de bois bâti à l'opposé du camp croisé, et que protégeait jusque-là l'obstacle du château. Les fragiles cabanes, les foyers, les lieux de prière furent réduits en miettes et plus d'un habitant perdit la vie dans ce bombardement. Les communautés religieuses abandonnèrent la place et se réfugièrent dans le fortin, sexes et conditions mêlés sans distinction ni pudeur. Les femmes et les enfants gênaient la manœuvre des soldats ; les Parfaits tentaient vainement, par d'illusoires séparations de tissus, de préserver leur nécessaire pureté.

Puis la catapulte orienta ses tirs vers le château. D'énormes boulets s'abattaient sans relâche, jour et nuit, épuisant les défenseurs, éventrant les murs, crevant les plafonds. Des pluies de flèches pénétraient par ces ouvertures, rendant dangereux tout déplacement. Les vivres vinrent à manquer. Dès le 21 février, Pierre Roger de Mirepoix dut rationner le peu de fèves qui restait et veiller à une équitable distribution entre les survivants. Toutes les denrées furent mises en commun. Le trébuchet des cathares fut à son tour mis hors d'état de nuire. Alors les croisés se lancèrent à l'assaut. Poussant des cris furieux, les soldats se jetèrent en avant en traînant des échelles, car leur position était encore en contrebas des défenseurs. On se battit sous les murailles, sur les brèches des fortifications. Bernard s'était fait discret depuis son échec devant la tour. Son crédit de soldat s'était effrité et il avait perdu son statut de Parfait. Il n'avait pas revu Alix. Mais l'âge n'avait pas affaibli son ardeur guerrière ; il fit un grand carnage des assaillants. Beaucoup tombèrent pour la défense de leur foi, mais les troupes du roi refluèrent.

Bernard entra dans la salle, encore préservée de la ruine, où l'on avait entassé les morts et les blessés graves. Les Parfaits priaient pour les mener à bonne fin, leur faisant baiser le livre saint. Il voulait saluer ses frères d'armes, tombés à ses côtés : les chevaliers Bertrand de Bardenac et Guillaume de Lahille, les sergents Pierre Vinol et Bertrand de Carcassonne. Conscients ou déjà dans les limbes, ils recevaient le consolament ou l'approbation de leur convenanza. La tristesse d'un avenir désespérant s'ajoutait à l'horreur des blessures, des membres tranchés, des corps fracassés. Les défenseurs mouraient comme mourait la foi cathare. Bernard se sentait un cadavre en sursis.

Quand son époux apparut, couvert de sang, Alix ne put réprimer un mouvement d'horreur et de dégoût. Il quitta tristement la pièce, laissant ses camarades en de meilleures mains que les siennes. Il avait le sentiment intime de n'être plus rien ni personne.

35

Montségur, mars 1244.

Le second jour de mars, Pierre Roger de Mirepoix fit réunir les responsables militaires et religieux de Montségur. La situation n'était plus tenable ; le prochain assaut enlèverait le fortin que continuaient de harceler les tirs de la catapulte géante. Les femmes et les enfants, les soldats eux-mêmes, étaient à bout de nerfs.

« Il nous faut décider aujourd'hui si nous voulons rester maîtres de notre destin, déclara le seigneur de Mirepoix. Il est impossible de résister plus longtemps dans un château en ruine où s'accumulent chaque jour les décombres, les blessés, les cadavres. Nos réserves en vivres et en armes s'épuisent.

— Nous ne pouvons plus intervenir dans les choses humaines. Nous sommes entre les mains de Dieu, dit Alix qui parlait pour les Parfaites.

— Certes, mais Celui-ci laisse à chacun la liberté de choisir son sort terrestre, appuya l'évêque Bertrand Marty.

— Si nous ne faisons rien, à la prochaine attaque, nous serons tous passés au fil de l'épée ou jetés sans distinction sur un bûcher.

— Nous rejoindrons ainsi le plérôme divin, répondit Alix, avec de la fièvre dans le regard.

— Rien n'est sûr ; l'homme ne décide pas à la place de Dieu, répondit l'évêque cathare.

— Tous ne veulent pas mourir, répliqua sèchement le chef militaire de Montségur. Les soldats, les enfants, souhaitent poursuivre leur existence sous le soleil de Dieu.

— Souhaitez-vous vivre ? l'interpella Alix.

— J'ai une épouse et un jeune fils. Si la guerre me la laisse, je préfère le parti de la vie.

— Tous n'ont pas encore décidé de leur choix, reprit Bertrand Marty. Il nous faudrait du temps et un peu de paix. Les derniers consolaments se sont déroulés dans la panique des combats et des bombardements. »

Bernard de Cazenac restait silencieux, balançant entre les deux camps. Il ne pouvait se résoudre à la fin de tout ce qu'il aimait.

« Je vais négocier une trêve auprès de nos ennemis, conclut Mirepoix. Elle sera la condition de notre reddition. »

Pierre Roger quitta le castrum accompagné d'une petite escorte. L'attente parut interminable aux défenseurs de Montségur. Leur vie, leur avenir s'ils en avaient un, le destin tragique auxquels certains aspiraient : tout était suspendu à une décision étrangère. Les minutes, tombant comme des gouttes de plomb, s'étaient substituées dans leur angoisse aux tirs des catapultes. Le sire de Mirepoix revint le soir avec des propositions très avantageuses, quasiment inespérées, pour les assiégés.

« Nous avons quinze jours, dit le chef militaire. Tous les laïcs, civils ou soldats, pourront quitter librement le château. Après avoir répondu aux questions des inquisiteurs, ils pourront aller où bon leur semble, sans aucune poursuite ni pénitence.

— Même ceux qui ont participé à l'exécution des dominicains à Avignonet, demanda un sergent qui craignait la corde.

— Oui, j'ai obtenu de l'évêque la révocation de leurs condamnations.

— Pour les Parfaits et les Parfaites, quel sort nous réserve-t-on ? s'enquit Alix.

— Tous ceux qui abjureront leur foi seront sauvés. Pour les autres, le bûcher les attend.

— Ils sont bien généreux de ne pas tous nous massacrer. Lorsqu'un siège dure trop longtemps, les soldats s'impatientent de rougir leurs épées dans le fourreau des corps.

— Ils savent ce qu'ils font, dit Bertrand Marty. Les Bons Chrétiens ne trahissent pas leur foi.

— Nous avons deux semaines pour décider. »

Les derniers jours de Montségur brillèrent d'une indéfinissable lumière. Certains, peu nombreux, croyaient encore en un possible secours. Un sauveteur de la dernière heure allait venir les libérer. Dieu ne pouvait vouloir un tel désastre. Bertrand de la Vacalerie, le constructeur de la catapulte, annonçait à qui voulait l'entendre que Raymond VII, le comte de Toulouse, était en marche avec une immense armée. Si Pierre Roger avait demandé une longue trêve, c'était pour lui permettre d'arriver à temps. Le sire de Mirepoix détournait la tête avec tristesse, lui qui savait le comte en Italie à l'heure présente. Mais la plupart s'abîmaient dans la prière. Les Parfaits confirmaient la convenenza des croyants qui avaient choisi de mourir.

Ce furent deux semaines d'intense activité sur le pog. Chacun se préparait au départ, mais la destination n'était pas la même. L'Église cathare en profita pour mettre ses affaires en ordre et distribuer le consolament à celles et ceux qui choisirent de faire une bonne fin. L'ambiance était étonnamment calme et sereine. C'en était fini du fracas des batailles, des ordres hurlés, des boulets tombant les uns après les autres. Le beau temps persistait malgré l'hiver, et le pog semblait un paradis, la porte de la Terre Nouvelle de l'Apocalypse de Jean. À la hâte, les soldats réparaient les maisons pour donner à ces derniers jours un peu de confort, une apparence d'ordre et de bien-être. Ceux qui avaient choisi de mourir distribuaient à ceux qui survivraient les biens matériels dont ils n'auraient plus besoin. L'un recevait des souliers, l'autre un bonnet ; parfois deux sous ou une bourse changeaient de mains. Tous les sergents reçurent leur solde, accompagnée d'une prime généreuse.

« Celui qui se présente devant Dieu doit voyager léger », avait dit Bertrand Marty.

Chose étrange, nombre de soldats demandaient à recevoir le consolament des mourants. Ces mercenaires, gens de sac et de corde pour la plupart, qui étaient venus défendre Montségur pour de l'argent, impressionnés par la foi qui y régnait, convaincus de la justesse de la religion cathare par la détermination, le courage et l'exemplarité des communautés, préféraient par dizaines mourir à Montségur.

« Le plus difficile du chemin pour notre salut est déjà fait ; il ne nous reste qu'à périr, dit le sergent Guillaume Delpech à Bernard de Cazenac.

— Ma femme Bruna a opté pour le bûcher ; je reste avec elle », dit Arnaud Domergue, un autre sergent.

L'évêque rassembla, dans la grande salle du château qui tenait encore debout, quelques responsables religieux, ainsi que Pierre Roger de Mirepoix et Bernard de Cazenac.

« Il nous reste une mission à accomplir avant la reddition ultime. Nous devons sauver le trésor de l'Église cathare, le soustraire à la rapacité de nos ennemis. Il ne nous appartient pas en propre, une partie est destinée à aider les plus pauvres, pour le reste, ce sont des fonds reçus en dépôt pour le compte de tiers. Ces dettes, nous devons les rembourser. Depuis dix ans, les sommes en numéraires affluent sur le pog.

— Le chiffre est-il important ? demanda le chef militaire de Montségur.

— J'ai moi-même apporté quatre cents sous toulzas, dit Bernard. Ce sont les avoirs de nos frères de Castelsarrasin et de Montauban.

— Nous allons vous remettre une partie de la somme, dit l'évêque à Pierre Roger, avec laquelle vous achèterez des complicités. D'ici deux nuits, les gardes devront tourner leur regard et laisser passer nos hommes. »

Une couverture de laine alourdie du poids des pièces fut déposée aux pieds du sire de Mirepoix, qui s'inclina devant le prélat. Son rôle de guerrier était achevé, il était aux ordres de la foi.

« Voici les hommes auxquels l'Église confie son trésor. Il ne s'agit pas seulement d'argent, mais aussi de nos livres sacrés, qui ne doivent pas être brûlés avec nous, afin que la parole ne se perde pas. » Trois Parfaits s'avancèrent. Ils avaient pour noms Amiel Aicart, Hugon et Peytavi.

« D'ici trois nuits, ils descendront à l'aide de cordes dans une petite grotte située sous le château. Dans cinq jours, après l'holocauste, ils quitteront la région par le col de la Cadène et gagneront la spoulga fortifiée de Soulombrié, puis le château d'Usson où les attend un guide sûr, avant de partir pour l'Italie. Ainsi sera pérennisée dans le cœur des hommes la foi des cathares occitans. Mais la route de la Lombardie est périlleuse et les pièges sont nombreux.

— Mon frère Bernard, dit Bertrand Marty en se tournant vers le chevalier, ces hommes sont des Parfaits, ils sont non violents. Tu es un soldat et tu connais nos convictions comme nos pratiques. Je souhaiterais que tu les escortes. »

Bernard se tourna vers l'évêque, puis vers Alix.

« Je n'ai pas encore pris ma décision, balbutia t-il. Je dois réfléchir.

— Alors, fais vite ! Ces trois hommes auraient préféré nous suivre sur le bûcher, mais leur devoir les oblige à vivre, à poursuivre le chemin parmi la pourriture. Tu dois choisir le tien. N'oublie pas que tu es porteur d'un grand secret concernant notre religion. Tu dois le préserver pour l'avenir.

— Il est parfois plus facile de faire son devoir que de le connaître. »

Une longue file s'allongeait pour adorer Bertrand Marty et obtenir le viatique pour l'au-delà. Tout naturellement, Bernard se mit sur les rangs, parmi ces gens simples que l'idée de mourir dans l'atrocité des flammes n'effrayait pas. Les femmes, certaines âgées, d'autres jeunes et avenantes, venaient recevoir le consolament comme un ultime hommage au catharisme, pour le respect qu'il avait de leur sexe. Le dilemme était parfois douloureux, comme pour Guillemette Aicart qui abandonna son mari pour marcher au supplice. Des personnes nobles se mélangeaient au peuple : l'écuyer Raymond de Marceille, le chevalier Brezillac de Cailhavel. Tous embrassaient délibérément la mort. Bernard se présenta devant l'évêque cathare.

« Je demande à réintégrer le sein de notre Église, déclara-t-il. Je demande pardon des crimes que j'ai commis en combattant pour la défense de Montségur. Ils sont dignes d'un homme, mais non du Parfait que j'ai été, et que j'ai cessé d'être.

— Ta foi te sauve, et aussi ton courage, lui répondit simplement Bertrand Marty en lui imposant les mains. Tu es apte à reprendre ta place dans la communauté des croyants revêtus. Suis-moi et tu seras sauvé ; mais surtout, suis ton devoir. »

Bernard lut dans le regard d'Alix un bonheur absolu. Ils étaient de nouveau réunis, comme aux plus belles heures de leur amour. Mieux qu'avant même. Ils allaient ensemble accomplir le salut de leur âme, la réintégrer dans le plérôme divin, la fondre en une seule et même entité. L'aboutissement de tout amour véritable, l'amour fusionnel.

Le chevalier de Cazenac pouvait aisément sauver sa vie ; on lui proposait une alternative qu'il était facile de suivre. Il n'avait nul goût pour le bûcher ; plutôt mourir en combattant. Mais il ne pouvait abandonner Alix. Profitant de l'ambiance relâchée, il s'approcha d'elle.

« Vivre ou mourir ? Je n'aspire qu'à te suivre, Alix. Que tes pas te guident vers la liberté ou l'horreur du bûcher, je te suivrai.

— Tu dois faire ce que notre Église t'ordonne. Sers-la et préserve ton existence. Je connais ta peur des flammes ; tu n'es pas prêt, encore, à rencontrer Notre-Seigneur.

— Qui peut se dire prêt pour une telle abomination ! N'avons-nous pas suffisamment expié la mort de notre fille ! Comment pouvons-nous servir le mieux notre religion ? En sauvant ce qu'il en reste ou en mourant avec elle ? Aide-moi, Alix ! Tu es ma force. Je n'exige pas le retour à la vie commune, mais, par pitié, ne m'abandonne pas !

— Bernard, chaque jour d'une Parfaite consiste à apprendre à mourir. Je me suis engagée très avant sur une voie qui n'admet pas de retour en arrière, après tant d'années d'efforts et de souffrances pour me détacher du monde et de toi. Tu ne peux m'y rejoindre.

— Mais je ne peux renoncer à toi. J'ai revêtu l'habit des Parfaits ; je l'ai rejeté pour combattre ; je l'ai repris aujourd'hui pour mourir… mais pas sans toi ! Je t'aime plus que tout.

— Moi aussi je t'aime, Bernard. Nous nous retrouverons plus tard, avec Blanche près de nous. Mais pour l'heure, et par amour pour moi, tu dois accomplir l'ultime mission que t'a confiée notre évêque.

— Pas sans toi, Alix, pas sans toi ! Si tu restes, je reste aussi, par amour pour toi. »

36

Trois jours plus tard, le mercredi 16 mars 1244, à l'aube, les chefs militaires et religieux de l'armée royale prirent possession de Montségur. Deux colonnes quittèrent le château pour se diviser au pied du pog. L'une, avec à sa tête Pierre Roger de Mirepoix, rejoignait le camp des croisés pour y répondre aux questions des inquisiteurs, avant de regagner librement leurs maisons et leurs occupations quotidiennes. L'autre, forte de plus de deux cents cathares qui suivaient leur évêque Bertrand Marty, s'arrêta devant un vaste enclos fait de pals et de pieux, et garni de fagots. Déjà, un immense brasier illuminait le ciel que blanchissait à peine l'aube. Pas un seul croyant ne manquait à l'appel, aucun n'avait choisi de renier sa foi pour sauver sa vie.

Tout autour se pressaient des soldats du roi et des religieux catholiques. Alix contemplait les visages des bourreaux. Certains exprimaient de la haine ou du mépris, d'autres priaient pour le salut de ces âmes qu'ils pensaient égarées sur un mauvais chemin. D'autres encore versaient des larmes sincères devant un tel gâchis. On avait appuyé des échelles contre la palissade. Des sergents en armes étaient là pour jeter, s'il le fallait, des récalcitrants dans les flammes. Mais ils n'eurent pas à intervenir. Bertrand Marty gravit les degrés lentement, puis, sans un mot ni un cri, se lança dans le brasier. Les moines catholiques entonnèrent à voix fortes le *Veni Creator*. Les paroles aux vertus célestes accrurent encore le courage des cathares qui se mirent à monter aux échelles deux par deux et se précipitèrent dans le bûcher. Les Parfaits et les Parfaites s'efforçaient d'entrer dans la mort auprès du « socius » ou de la « socia » qui les avait accompagnés dans la vie. Des cris de souffrance commencèrent à jaillir, que couvrait à peine le chant religieux. Les tourbillons de fumée et une épouvantable odeur de chair carbonisée recouvraient l'assistance. Pas une parole ne fut prononcée, ni par les suppliciés, ni par les témoins.

À deux cents pas à peine du vaste bûcher, une minuscule cavité creusée à flanc de montagne abritait les fugitifs. Les exhalaisons nauséabondes s'y répandaient insidieusement, poussées par une forte brise matinale, et menaçaient de les étouffer. Les quintes de toux qui s'échappaient des gorges à vif, des poitrines encombrées d'humeurs, risquaient à tout moment de les désigner aux oreilles des sergents d'armes postés autour du lieu du sacrifice. Mais les bourreaux étaient bien trop occupés par le fascinant tableau des suppliciés qui se jetaient d'eux-mêmes dans les flammes pour deviner une présence humaine si près d'eux.

Lorsqu'un coup de vent dispersa un moment la fumée, Bernard put voir en contrebas les silhouettes à cheval de Pierre Roger de Mirepoix et de son épouse Philippa qui contemplaient le drame. La jeune femme qui serrait son fils contre elle venait de voir successivement périr dans les flammes sa grand-mère Marquésia de Lanta, sa mère Corba de Péreille et sa jeune sœur Esclarmonde.

« Notre place est parmi eux, murmura Amiel Aicart. Comme je regrette de ne pouvoir, en ce jour glorieux, rendre mon âme à Dieu. » Hugon et Peytavi l'approuvèrent, tout en se raclant bruyamment le gosier pour expectorer les résidus de suie.

« Faites silence, notre salut en dépend », gémit Bernard entre deux sanglots. Son visage ruisselait de larmes qui trempaient le devant de son manteau sombre. Le chagrin, bien plus que les fumerolles, en était responsable. La volonté de ses chefs et la cruauté du destin l'avaient condamné à assister au navrant spectacle. À quelques pas de lui, sans qu'il puisse esquisser le moindre geste pour la défendre, Alix allait périr.

Elle fut la dernière des deux cent vingt-cinq martyrs à gravir les échelles. Le jour s'était levé depuis longtemps, les chants se faisaient plus maigres et les voix se brisaient dans la fatigue et les émanations. Il avait fallu, à plusieurs reprises, ajouter du bois dans le bûcher. Au pied de la palissade, elle hésita un instant, puis tourna résolument la tête vers le réduit où se cachait son époux. Malgré la distance, la fumée, le danger, il sut qu'il devait l'aider. Ses yeux à lui plantés dans le regard d'Alix, il lui prit mentalement la main, comme elle l'avait laissé faire, trois jours auparavant, pour une ultime, tendre et discrète étreinte. Le regard toujours tourné vers lui, soutenue par cette main invisible, elle se hissa sur les échelons. N'était-ce pas un infime enchaînement à la matière, l'attachement fugace à l'illusion, un ultime péché ? Les chants la berçaient, la fumée l'étouffait, elle montait les degrés, le portant avec elle, comme une ascension vers le plérome divin. Il tenait la main de sa femme, la serrait fort, et elle lui rendait une pression similaire. Il sentait ce contact doux et chaud, comme si elle était réellement près de lui. La distance, comme le temps, était abolie. Ils échangeaient tout l'amour du monde dans cette simple caresse du regard, ils y mettaient toute une vie. C'est alors qu'il vit distinctement la Jérusalem céleste descendre vers eux, et il comprit. L'essentiel n'était pas dans le dogme religieux ; les cathares n'avaient pas plus raison ou tort que les catholiques. Le secret était dans l'homme lui-même, dans sa capacité à aimer. C'était là le seul commandement, celui que Jésus avait substitué à tous les autres. Il tenait la main de sa femme et se réconciliait avec la chair, et elle avec lui. Le corps n'était pas satanique et il aspirait de tout son amour au paradis de leur jeunesse et de leur folle passion. L'escalier de bois qu'elle gravissait, c'était l'échelle de Jacob, celle de saint Jean Climaque. Ils progressaient par degrés vers la Vérité. Il n'y avait qu'un seul Dieu pour tous les hommes, qui restaient ainsi égaux, et plusieurs langages pour Lui parler. Ils approchaient de l'Unique. Leurs yeux étaient emplis de soleil, leurs oreilles de chants célestes. Ils avaient réellement, matériellement, quitté le domaine du Mal, de la guerre, de la souffrance. Unis pour des noces mystiques, main dans la main, ils atteignirent le sommet du mur de bois. Elle plongea dans la lumière.

37

Bernard et ses trois compagnons fuyaient à travers les Pyrénées. Il n'avait fallu qu'une journée aux inquisiteurs, après des interrogatoires serrés, pour découvrir qu'il manquait quatre noms sur la liste, quatre rebelles qui avaient échappé à leur justice. Et puis, il y avait l'or, le trésor qui allumait la folie dans l'esprit des hommes. Montségur n'était qu'un misérable fortin, sans aucune valeur militaire et sans terre à cultiver. Il ne valait pas une poignée de châtaignes. Son seigneur français, le duc de Lévis, avait promis de partager le magot des cathares avec l'archevêque de Narbonne et Hugues des Arcis, le sénéchal de Carcassonne. Leur dépit fut grand quand ils découvrirent que le butin s'était envolé. Ils lâchèrent leurs chiens sur les fugitifs.

Les quatre Parfaits avaient passé la première nuit dans la grotte fortifiée de Soulombrié. Tristes ténèbres, sans feu pour réchauffer les corps, et sans étoiles dans le ciel pour allumer l'espoir dans leurs cœurs. Bernard prit soin de laisser des traces bien visibles de leur passage.

« Serais-tu devenu subitement fou ? Tu veux nous faire prendre, grommela Peytavi.

— Je veux qu'ils nous croient descendus vers la vallée, et qu'ils nous cherchent dans chaque recoin du comté de Foix. Demain, nous partons vers l'orient. »

Ils cheminèrent trois journées entières à flanc de montagne, s'abritant dans la courte forêt, lorsque la végétation voulait bien leur offrir son ombre protectrice, ou dans les chaos rocheux qui ne manquaient pas dans cette région pierreuse. Au matin du quatrième jour, le puissant donjon pentagonal du château d'Usson dressa sa massive silhouette devant leurs yeux fatigués.

« C'est ici que nous devons retrouver notre guide.

— Nous sommes en pays ami, s'enthousiasma Amiel Aicart. Le seigneur Arnaud d'Usson nous est favorable. Il a souvent accueilli notre évêque Guilhabert de Castres et, l'an passé, il a envoyé des renforts pour défendre Montségur.

— Beau succès, en vérité, se moqua Bernard. Aujourd'hui nous n'avons plus d'amis et devons nous méfier de tous. On peut acheter bien des consciences avec l'or que nous transportons. »

Ils s'approchèrent prudemment du village blotti au pied de la forteresse, dans un grondement de cataracte. Les eaux sauvages de l'Aude et de la Bruyante se mêlaient avec fureur en contrebas des habitations. Un pont de bois branlant donnait accès aux maisons. D'un geste de la main, Bernard arrêta la marche de ses compagnons. Un cordon de soldats barrait le passage ; derrière eux, ils virent s'agiter des dominicains.

« Tout est perdu, nous n'avons plus qu'à mourir. Hugon, dépité, s'assit sur un rocher et se prit la tête dans les mains.

— Ils sont trop nombreux, nous ne pourrons jamais passer. C'est la fin du voyage », ajouta Peytavi d'un ton désespéré.

Bernard réfléchit en silence, laissant ses camarades à leur découragement, puis il s'adressa à Amiel Aicart, le plus optimiste des trois. « Je vais les entraîner sur une fausse piste. Vous attendrez que les gardes me suivent. Alors vous gagnerez l'auberge du village. » Il sortit de sous son manteau un écu coupé en deux. « Vous demanderez à payer avec cette monnaie. Celui qui doit vous guider jusqu'en Lombardie possède l'autre moitié. Bonne chance, et que Notre-Seigneur Jésus vous bénisse.

— Que Dieu te garde, seigneur Bernard. »

Le chevalier de Cazenac avait dépoussiéré ses habits, ceint sa grande épée pour se donner un air digne puis, se dirigeant vers le pont, il avait apostrophé les soldats et demandé à voir les inquisiteurs.

« Je sais où se cachent les fuyards de Montségur, et leur trésor. Je vous conduirai si vous me promettez la moitié de leur or », affirma-t-il sans préambule.

Le religieux le regardait par en dessous, d'un air méfiant.

« Que vaut la parole d'un hérétique ?

— Je suis bon catholique, baptisé et marié par notre mère l'Église. J'ai combattu pour Toulouse à Montségur, je ne le cache pas. J'ai répondu au lien féodal qui me liait au seigneur de Mirepoix. Mais la guerre est finie. Est-ce qu'un Parfait se bat ? Porte-t-il une arme ? Je n'aspire qu'à vivre en paix, avec une bourse bien garnie. »

Le dominicain pianotait nerveusement sur la table de bois brut qui lui servait d'écritoire.

« Nous savons que les fugitifs doivent passer par Usson ; nous sommes déjà bien renseignés et n'avons pas besoin de toi.

— C'est ce que vous croyez ! Vous avez gobé les mensonges des défenseurs de Montségur. Quel crédit accordez-vous à ces fanatiques ? Les aveux ont été préparés pour vous conduire sur une fausse piste. Il n'a jamais été question d'Italie. »

Le regard du moine se noircit d'inquiétude ; il était visiblement touché par le ton ouvert et convainquant du chevalier qui se trouvait devant lui. Il n'avait rien d'un sinistre Parfait. « Alors, quelle est leur destination ? » Bernard fit mine d'hésiter, comme retenu par un ultime doute. Puis il lâcha : « L'Espagne, par la voie d'occident. »

Le religieux caressa sur son menton une barbe imaginaire.

« L'Espagne ! Ce n'est pas habituel.

— C'est en cela que réside la ruse des hérétiques. La Catalogne pullule de cathares et Barcelone prétend remplacer Toulouse pour le rayonnement de sa culture. Juifs, musulmans et patarins y ont établi leurs résidences.

— Quelle preuve as-tu de tes dires ?

— Moi-même. Serais-je ici, devant vous, si j'étais un menteur ?

— Rien ne m'oblige à te croire.

— Rien ne m'oblige à partager le trésor avec vous. Je puis le conquérir seul. Mais je tiens à la réconciliation avec la sainte Église catholique. »

Le dominicain avait laissé Bernard seul un moment, pour rapporter leur conversation et décider d'une action concertée avec les gens d'armes. Il avait choisi de le croire, mais balançait encore sur le moyen le plus habile pour mettre la main sur le magot. Il pouvait éviter un partage onéreux en faisant mettre cet audacieux à la question. Mais le procédé était hasardeux. Le chevalier en profita pour briser une fenêtre, sauter dans la rue, voler un cheval et passer le pont. Il bouscula les gardes en faisant claquer les sabots de sa monture sur le tablier de bois, puis il piqua des deux vers l'ouest, comme s'il revenait vers Montségur, comme s'il gagnait l'Espagne.

Le réseau de chevaucheurs au service de l'Inquisition s'avéra rapide et efficace pour retrouver sa piste. Bernard avait trouvé refuge dans une petite grotte creusée sous le vieux château en ruine de Montréal-de-Sos. Les templiers avaient abandonné cette forteresse inhospitalière, située à plus de trois mille pieds d'altitude, pour s'établir en plaine, à Campagne-sur-Aude. Quand Bernard, au réveil, se vit cerné par les sergents du roi, il comprit que la fin était proche. Il porta la main à son cou et en détacha la lourde chaîne d'argent. Était-ce un ultime espoir, ce talisman, cette boîte couverte d'inscriptions kabbalistiques que son ancêtre Aldebert avait ramenée d'Orient, et que se transmettaient les fils aînés des Cazenac, avec interdiction absolue de l'ouvrir, sous peine de perdre définitivement son âme, sans possibilité de rachat ?

Au moment même de quitter Montségur, il avait eu ce même geste : porter la main à son cou, et ses doigts n'avaient rien trouvé. Il s'était souvenu avoir déposé le bijou dans sa maison, car il le gênait pour combattre. Un instant, il avait pensé partir en l'abandonnant à son sort. Il ne croyait plus en rien. Mais les derniers mots d'Alix avaient été pour cet objet : elle lui avait recommandé d'en prendre soin. Il avait retrouvé sa cabane à demi-écrasée par un boulet. Après avoir écarté les poutres enchevêtrées, il s'était agenouillé et, fouillant le sol de sa main nue, il avait trouvé les restes de son lit et, dessous, le talisman. Était-ce possible qu'il ait tant négligé un objet aussi précieux ? Il ne fallait pas que le secret se perde. Tirant de sous son manteau une bouteille d'encre et un stylet qui lui étaient devenus plus utiles que ses armes, il entreprit de reproduire, sur les murs nus de la grotte, les dessins et les lettres inconnues qui ornaient le bijou. Satisfait, il contempla son œuvre. « Ainsi, il en restera quelque chose pour les générations futures. Je n'ai pas de fils à qui transmettre le talisman, et, dans quelques minutes, je vais rejoindre Alix, ma bien-aimée. »

Il sortit de la grotte et commença à descendre la rude pente. Les soldats le virent et convergèrent vers lui. Il ne voulait pas tomber vivant entre leurs mains, ni trahir son serment de non-violence. Il brandit sa grande épée, fit de vigoureux moulinets au-dessus de sa tête, puis la planta dans le sol. Prudents, les sergents s'écartèrent, puis saisirent leurs arcs et reprirent leur progression à pas de loup, le doigt sur la corde à demi tendue.

Bernard tenait son talisman au bout de sa chaîne, brillant dans le soleil, avec un regard un peu superstitieux qui ne seyait pas à un cathare. « Tu ne dois l'ouvrir qu'en toute extrémité, si notre Église se trouve en danger de disparaître. Le bijou contient le moyen de sauver l'héritage », lui avait dit son père.

« Tu ne vas pas croire ces contes de bonnes femmes, dit-il à voix haute. Il vaut mieux savoir que périr dans l'ignorance. J'ai encore le temps de cacher cet objet si j'estime que nos ennemis peuvent en faire un mauvais usage. »

Fébrilement, ses doigts trouvèrent le mécanisme, brisèrent les sceaux de plomb, ouvrirent la petite porte d'argent, explorèrent le logement : il était vide. Il regarda mieux : aucune inscription n'était gravée à l'intérieur. Bernard sentit un fou rire le prendre : ce désespoir le comblait de joie. Il avait compris qu'il n'y avait dans le médaillon d'autre secret que le secret lui-même. Cet espace vide était rempli du courage, de l'honneur, de la force, du paratge, de la vaillance, du sens du devoir et du bonheur de vivre dont lui-même et ses ancêtres avaient fait montre au cours de leurs existences. Le secret résidait dans le cœur de l'homme, comme la survie de tout idéal. Tel était le mystère des Cazenac : il était lui-même son propre secret, incommunicable à autrui. Nul document, nulle Église particulière ne pouvait porter l'esprit de Dieu, mais seulement les hommes, temples du divin. Le salut n'appartenait qu'à Dieu, aucune créature humaine ne pouvait jamais l'accorder, mais seulement les œuvres de chacun. La sensation exaltante qu'il avait éprouvée lors du martyre d'Alix s'empara à nouveau de lui : la révélation du bûcher; les mêmes mots retentirent à ses oreilles. Bernard éclata d'un rire immense que les rochers et le vent firent rouler, de montagne en montagne, jusqu'en Espagne.

Sarlat, Arcachon, juin 2006 - juin 2008.

Postface

Cet ouvrage est un roman dont les héros, Bernard de Cazenac et Alix de Turenne, ont réellement existé. Le chroniqueur catholique Pierre des Vaux de Cernay, dans son *Histoire des Albigeois*, n'a pas de mots assez durs pour stigmatiser le couple, accusant Bernard de couper les mains et les pieds et de crever les yeux des hommes qu'il capturait, tandis que son épouse, Alix, coupait les seins et les pouces des femmes. L'époque était rude et, dans les deux camps, on ne faisait pas de quartier. Le chroniqueur anonyme de la *Chanson de la croisade*, favorable aux cathares, donne de Bernard de Cazenac un portrait bien différent, lorsqu'il vient porter secours au comte de Toulouse : il est le preux chevalier, de parfaite droiture et d'enviable sagesse. Quant à Alix, avant de s'adonner à la mutilation des prisonnières, elle est chantée par les troubadours comme un modèle de beauté, d'honnêteté et de culture.

C'est cette contradiction que j'ai cherché à traduire dans ce roman, entre des êtres à la fois épris d'art et de beau langage, chantant l'amour courtois, et capables d'effroyables barbaries. Cette personnalité se retrouve également chez Simon de Montfort, le chef des croisés, modèle idéal du chevalier français et responsable des pires atrocités. Ni ange ni bête, ces hommes et ces femmes du Moyen Âge vivent leurs passions dans l'instant ; on pourrait presque dire, dans l'instinct.

Les historiens ne parlent plus d'Alix de Turenne après le passage de la croisade en Périgord. Quand à Bernard de Cazenac, après sa participation à la défense de Toulouse en 1218, où il joua un rôle de premier plan et assista à la mort de Montfort, on perd sa trace vers 1230, dans l'entourage du Parfait Bernard de Lamothe. Il était tentant d'imaginer la conversion du guerrier cathare, dont la brutalité n'avait rien à envier à celle des croisés, en religieux non violent. Quant au destin tragique de Blanche, fille de Bernard et d'Alix, il est rapporté par une légende périgourdine.

Le fond historique décrit dans cet ouvrage est parfaitement conforme à la vérité, même si j'ai dû déplacer certains épisodes pour les besoins du roman. J'ai conservé, pour des raisons pratiques, les mots « cathare » et « Parfait » qui appartenaient au vocabulaire des ennemis des « Bons Chrétiens ». Pour la documentation, je me suis servi, bien sûr, de mon livre, *Le Pays cathare*, publié chez Ouest-France, mais aussi de *La Chanson de la croisade albigeoise*, traduite par Henri Gougaud (le livre de Poche) et de *Cathares et Vaudois en Périgord, Quercy et Agenais* de Richard Bordes (L'Hydre). D'autres titres font figure de référence : *La Vie quotidienne des cathares du Languedoc* de René Nelli (Hachette), *Les femmes cathares* d'Anne Brenon (Tempus), et, du même auteur, *Le vrai visage du catharisme* (Loubatières), *L'Épopée cathare* de Michel Roquebert (Privat), *Le Catharisme* de Jean Duvernoy (Privat), *Braises cathares* de Michel Jas (Loubatières), *Cathares, la contre-enquête* d'Anne Brenon et Jean-Philippe de Tonnac (Albin Michel) et *Catharisme et Chrétienté* de José Dupré (La Clavellerie).

Cet ouvrage a été composé par Asiatype

Impression réalisée par
CPI BRODARD ET TAUPIN
La Flèche
en février 2009

Imprimé en France
Dépôt légal : mars 2009
N° d'édition : 01 – N° d'impression : 51586